源心往事

邓亚平 / 编著

河海大学出版社
·南京·

图书在版编目（CIP）数据

源心往事 / 邓亚平编著. -- 南京：河海大学出版社，2020.10
（婺文化丛书 / 方宪文主编）
ISBN 978-7-5630-6434-2

Ⅰ.①源… Ⅱ.①邓… Ⅲ.①村史-建德县 Ⅳ.①K295.55

中国版本图书馆CIP数据核字（2020）第147631号

丛 书 名 / 婺文化丛书
书　　名 / 源心往事
　　　　　 YUANXIN WANGSHI
书　　号 / ISBN 978-7-5630-6434-2
责任编辑 / 毛积孝
策划编辑 / 梁　婧　许苗苗
特约编辑 / 李　路　孟祥静
特约校对 / 王春兰
装帧设计 / 周国良　刘昌凤
出版发行 / 河海大学出版社
地　　址 / 南京市西康路1号（邮编：210098）
电　　话 / （025）83737852（总编室）
　　　　　 /（025）83722833（营销部）
经　　销 / 全国新华书店
印　　刷 / 三河市双峰印刷装订有限公司
开　　本 / 880毫米×1230毫米　1/32
印　　张 / 6.625
字　　数 / 163千字
版　　次 / 2020年10月第1版
印　　次 / 2020年10月第1次印刷
定　　价 / 59.80元

《婺文化丛书 XI》编委会

主　编：方宪文
副主编：周国良　叶志良
编　委：（按姓氏笔画排列）
　　　　王亦平　王晓明　方宪文　叶志良
　　　　朱　程　许苗苗　吴远龙　陈文兵
　　　　林胜华　周国良

引 言

　　《源心往事》一书,旨在叙述一个坐落在婺州大地上的平凡小村庄的历史渊源以及村庄的发展变迁。

　　书中所述村庄名叫源心村,她是浙江省金华兰溪市西北的一个普通山村,建村已有六百多年历史。六个多世纪以来,源心村经历了许多风风雨雨的考验,见证了一个国家从明、清直到民国和中华人民共和国的历史。

　　源心村村庄规模并不大,人口只不过五百余,但在经济、文化、人文、教育等方面却非常有建树。在历史上,经祖祖辈辈艰苦创业,各行各业都得到充分的发展,几乎是江南农村标准村庄的样板。

　　20世纪末,由于兰溪市水利枢纽芝堰水库建设的需要,这座有着六百多年历史的古村落被迫拆掉,全部居民被迁往异地分散安置,使得原村庄的历史文化遭受到毁灭性的破坏。如今,原建村庄的村址早已经不复存在,村里所有居民的房舍和屋基,也早已被芝堰水库所淹没。因此,所有的辉煌都被历史的烟云所湮灭。

　　源心村历史上曾为严州府所辖,中华人民共和国成立后由寿昌县短时管辖,后因国家行政区域调整的需要,于1958年划归给兰溪市(当时为县)管辖,属女埠区芝堰乡管辖(现为黄店镇)范围。1984年,因芝堰水库建设的需要将村庄全部搬迁，于是，整个村庄被毁于一旦。

如今，村庄虽然被毁，但村中许多人文和历史的故事却依然让许多人怀念和追忆。值得欣慰的是，村庄迁移虽然已有36年，可还有不少历史和文化风韵犹存。所以，值得人们去思念。

沧海桑田，由于原居民对故土的留恋和对家乡的热爱，于是，抱着实事求是对历史负责的态度，决意要把历史记录下来，以供后世族人之怀念。

通过翻阅大量资料和对上了年纪的原居民前辈们进行深入的采访，汇编了这一册书。书中对村庄的历史、人文以及原居村民的生活和风俗习惯做了历史性的回顾，尽量以原生态的面貌展示给读者。

全书分两卷，共计十个章节。

第一卷以宗谱资料为主对接历史，以便印证村庄的根源和由来。

第二卷对整个村庄的发展史做了粗略的叙述，这一卷共分九章。既有"历史姓氏概括""村民姓氏考证""有关历史轶事""村民业绩""山林田地概况"，也有"村办事业探究""历史贡献""村民迁移""风土人情状况"等纪实。

全书十多万字，就目前来说，本书也是一部比较完整的村庄历史兼文化志。

由于源心村迁移外乡已经36年，原始的历史档案已经全部遗失，造成许多历史很难复原，很是遗憾。虽然有许多老前辈们在努力帮忙回忆，但也难以补缺解憾。因此，其中不免有疏漏和不当之处，还望村民和读者予以谅解！我们诚心希望大家能帮助补正，以便能使这段历史更为完美。

作者
2019.08

源 心 往 事

——为纪念源心村支持兰溪水利事业建设

暨芝堰水库移民三十五周年而作

昊昊苍天厚赐源心一方水土
炎黄邓家邓姓一门从此繁衍
春秋吾离之裔龙虎登科之地
太傅高密汉祖极真极美之玄
总览千古中华文化神秘之处
中州南阳清溪十祖始发之源
浩浩神州万古江山千秋永固
一脉承前启后渊源永世连绵

目 录

卷一 宗谱资料

第一章 >>>>>> 摘录《邓氏宗谱》资料　　003
第二章 >>>>>> 摘录《王氏宗谱》资料　　015
第三章 >>>>>> 摘录《方氏宗谱》资料　　032

卷二 源心发展史总览

第一章 >>>>>> 历史姓氏概括　　037
一、历史之邓姓考　　049
二、历史之王姓考　　058
三、历史之方姓考　　066

第二章 >>>>>> 源心姓氏考证　　070

一、源心邓姓发展之历史　　072

二、源心王姓发展之历史　　085

三、源心方姓发展之历史　　095

四、源心其他姓氏　　102

第三章 >>>>>> 有关历史轶事　　103

第四章 >>>>>> 村民主要业绩　　117

第五章 >>>>>> 山林田地概况　　121

一、山林、良田地形分布情况　　123

二、歌颂美丽山川的诗　　125

第六章 >>>>>> 村办事业探究　　132

一、源心村各堂房分衍情况　　133

二、源心村重教办学情况　　135

三、源心村村办实体情况　　137

四、源心村部分传统工艺或副业情况　　141

第七章 >>>>>> 历史贡献一览　　145

一、为支援剿匪作贡献　　145

二、支援国家经济建设　　152

三、参加灭螺工作　　155

四、支持移民工作　　157

第八章 >>>>>> 村民迁移情况　　162

一、邓姓住户　　169

二、王姓住户　　176

三、方姓住户　　178

四、叶姓住户　　178

五、项姓住户　　179

六、唐姓住户　　179

七、曹姓住户　　179

第九章 >>>>>> 风土人情状况　　181

一、民间风味　　182

二、民间小调　　183

三、源心特产　　184

四、民间风俗　　　　　　　185

五、语言习惯　　　　　　　188

六、飞禽走兽　　　　　　　189

七、人物逸事　　　　　　　190

后 记　　　　　　　　　195

附 录　　　　　　　　　199

卷一 宗谱资料

第一章 摘录《邓氏宗谱》资料

启后传前有谱存,莫忘先代好根因;
仰观百世千年上,发脚源流总一人。

——摘自《邓氏宗谱》

金台邢相诗

录【清溪邓氏重修宗谱】:(一)

窃惟家之有谱,国之有史,盖并重矣。传信阙疑,宣圣犹及之,叹可绎也。然文胜则史于辞,若有憾焉,脱也。遥又毕胄,以自矜门地为荣,则夸美饰回,无为贵谱矣。

近世谱牒之修,莫盛于宋庐陵欧氏法,史记之年表,眉山苏氏法,礼家之宗图,黄山谷弟谱。其知者、明者、略其远者、疑者,诚慎之也。美政不敏,不能娴欧、苏之文,敢窃比山谷之质可乎?

吾族自吾离侯肇封于殷,而瓜瓞之根始,培高密侯,图勋于汉,而椒聊之实益。衍有子十三人,勿令贵介骄倨,俾各自食一艺,家法何整严也。自公侯后妃、大将军、二千石而下不可胜计,子姓何昌大也。

从古勋旧之家，令终昌后有如斯者，指不多屈焉，猗与盛哉。迨晋播迁，百宗荡析，非复南阳故庐矣。宋元之季，兵燹屡经，琐尾子遗，仅延如线之脉，谱牒失传无足讶者。泰顺间掇拾于煨烬之余，成嘉间收括于传闻之末，具见列祖苦心，然皆修而未竟也。一里而下店，二里而岸口，五十里而郡城，百里而桐庐，二百里而三衢，且多残缺，失次不可稽。

覆矧相去千里之远，相后千载之上乎。则吾至于高密，亦狄青之余梁公，郭崇韬之宗令公矣。不识其先，籍湔取消，吾甚耻之。迺告诸家尊，询诸族众肇事子，庚戌以迄于丙辰，乃有底绩，盖只慎亦克艰也。

彰信稽疑，考前俟后，分其类而入之，首志世系重本始也。总之以图序之，以传记名实也，慎终追远，惟葬于祭谱之经也。故墓田祀产次之，扬名显亲，惟孝与忠谱之光也。故仕籍恩纶次之，闲家之道，惟德与礼，积善诒训，族乃其昌。故世德家礼又次之，至若僮仆之属为之，治其生产，营其庐舍，厚其妻孥，有不可畔之恩，有不可紊之等。

从吾之姓，恐其乱吾宗也，从彼之姓，恐异日为婚姻也，不防其渐而谨其微，将有狃薰莸于莫辨者，故以臧隶终焉。必如是而后，尊卑长幼，亲疏贵贱之间，蔼然其有情，秩然其有礼，森然其有分，义而罔敢逾越。嗣是有贤胤嗣者，复能缉而修之，俾勿替庶，不失列祖重本之遗意，云尔。老子曰："过乔木而趋吾家"，之所以甲于富春，系于高密者，乔木云乎哉，乔木云乎哉。

岜

——万历四十四年（1616）岁次丙辰秋九月吉赐进士出身大中大夫裔孙美政谨序

录【严陵邓氏家谱序】：（二）

余观于宗谱，而知君子之学之教云，盖古人重族，以宗法提衡其间，实齐治均乎所繇焉。谱固宗法之遗也，宗法行于公侯，俟大夫以严适庶族，谱通于上下，以正源流。宗法行其礼，族谱着其世，宗法亡而谱不废，用以合族，属别亲疏，亦名分道得十半矣。

谱之不可无作与不可无修，欧、苏诸公都云，况详韩魏公尝曰："能谨家谱者孝之大也"。去推其祖之所自出，合其族之所由，散本一源，以敦谊而不荡。然势利向背，视吹万为一体而不谩。然秦越肥瘠，且旷世相感，千里合舍而非时，若势之所能间，非谱之力不及，此顾世之为谱者，重富贵而媲于赝，渺贫贱而摒其真，流俗之情视为固然，不有贤者，孰室其敝乎。

邓君少溟，欲修其家乘而征序于余，授而纲目，喜其详而不秽，裁而有体。其殆本诸身以成其业，联诸族以成其身者乎，必如是而后宗之道，明家可齐矣，而国而天下，胥向风矣。孝理之被融洽内外，茂昭先王之彝典而化，行麟趾是之，谓君子之学之教也。观世系丛曰："大哉，舍显人而宗，迁祖核而不污矣，总之以图序之，以使名实具焉"。

其斯信而有征乎，观垄田祀产志曰："遐哉，林林乎历世数十，历年数百口，指以千计，若昭穆、若存后、若垄产，指诸掌矣"。观仕籍恩纶曰："有家之华也，且以迪后人矣"。观世德家礼，曰祥祥乎，德礼之阴，是则是傚，厥宗以亢，假令俗不雅别，乌用录族为哉。至臧获有妃则切，点宗昵嬬之惧，盖其慎也。

邓氏子孙抚而读之，遹追本源之，未有不油然生其孝悌之心乎。缅缔赫奕之，玫有不勃然动其渑勉之志乎？故曰君子之学之教也。按邓之先殷曼姓，国周宣王封其舅于故邓，子孙因以为氏，历汉魏至今，代有显人。高密累世勋旧其最著，已十一载则以将略著。若伟乡之渔利，应远之除害，伯苗之峻法，伯道之清操，则以治绩著。佑吉翱翔于秀里，圣求彪炳于玉堂，则以词翰著，即隐玄之函楼，文瑞之惇睦，咸可则而象，非异人任也。无念尔祖，式谷似之，有佳子孙在斯谱也，盖与有世风荣矣。

——万历岁次辛亥春王正月之吉（1611）赐进士出身通议大夫南京太常寺卿兰荫八十四翁眷生鲁源徐用捡顿首拜撰

录【旧谱名公序】：（三）

成化庚寅监察御史桐庐俞书廷臣撰（注：成化庚寅年，指明宪宗六年，1470年）：

严建德清溪大族邓君世良，命其震、嚚、恩、温、过江西，告予曰严君家世，郡邑所知。心所缺然未就者，家谱一事也。今承命而来，并奉旧谱，敢希大人先生一言，以叙诸首。

予方奉命巡视未暇，然以宗谱乃人伦之大，务万风俗之一端也。予奚辞：按谱邓出春秋邓侯吾离，因国为氏。有仕东汉封高密侯者，厥后。有仕杭，避兵过清溪，爱山水之秀，因家焉者，此世良始迁之祖也。名人显宦，代不乏人，至隆三县尉，始加修辑。

国朝洪武初，大水漂没，仅存迈公以下数世而已。予得而观之，知其用心之密，而喜其急所先务，乃曰：世良父子其贤矣哉，始非尽仁孝之道者不能也。予姑以此复，他日世良子孙引之勿替，又可见其仁孝之所。

致云

《邓氏宗谱》节选：（四）

成化丁酉礼部观政进士淳安胡榮信之撰（注：成化丁酉年，指明宪宗十三年，1477年）：

族之有谱，所以明昭穆，秩尊卑，辨亲疏，崇礼教。若衣之有领，若网之有纲，绵绵翼翼而不紊也。粤稽邓氏，由高密侯始厥，后有伯元者，仕杭，避兵过严，隐居清溪之旁，巍科懿行，后先相望。

宋绍兴通直郎处约公所修谱牒。至国朝因于水火，仅存者片纸而已。今世良重纂成编，以示来裔。前宪台俞公廷臣序，于首征予赘词，于末乃曰：万物本乎天，人本乎祖，人亦万物之一耳。父母亦天地也，始之祖妣又百世之父母也。但世愈远，则生愈繁，则情愈薄，或仇睨兄弟，或途视宗党，喜不庆、忧不吊。甚者，贵骄贱，富慢贫，少凌长，蔑弃故家之风，为先世所羞，鄙此谱之不可以不修也。

俾高曾以下，近而及见者，高曾以上，远而未及见者，触目惊心。油然恻然敬其尊，爱其亲，而如生如存事之矣。扩而充之民，吾同胞皆兄弟也。矧同姓乎？矧同姓之亲者乎？彼有假重于人，而自轻其祖者，若郭崇韬哭子仪之墓是也，若狄枢密却梁公之像是也。

世良审之有素，其可嘉也尚矣。且邓氏创于前，述于后者，悉皆以仁义肥其家，以诗书富其业，譬之芝兰玉树生于庭阶，龙泉太阿可断蛟兕，讵偶然哉。良由积之厚，故发之茂。视高密为无愧矣，后世子孙，心前人之心，志前人之志，风荡雍熙，化兴仁让，其有关于世教，岂小补哉。

嘉靖甲午工部员外兰溪唐仁行之撰（注：嘉靖甲午年，指嘉靖十三年，1534年）：

夫家之，不能世于天下，坐乘牒之，不明子姓，无良文献，散逸后人，何所于考。故必有才嗣体，而后有家乘，有详家乘而后伦纪，昭仁贤著世，所谓世家者往往出是，即使为子弟者，才智下中汲汲乎，嚣中之蠃，尊祖敬宗之忱漠然，莫之能懋，则视谱牒为何物？虽盛弗传其能世乎。睦之清溪邓氏盖世家也，吾窃有感其子姓之才矣，吾实有征，诸时宏之，更修谱乘矣。

时宏讳灵，自十二始祖朴起家，王十朋榜进士。伯嗣、光承之、仲嗣、处约复袭。桥梓奕叶魁，宋名科至元有仲畴者，踵芳先列，亦以科目贰令余杭，时入我朝，世纪厥美。成化间祖世良翁，济浙右之荒，授秩散官。父文让翁赈河南之饥疏，荣典命一时，鸣称光恰义，闻时宏翁，尤能勇于作义，树声乡闾。母陈氏亡，追思笔画，俨若平生。父以寿终，居丧中礼，无敢笑乐。恒谓祖居八亩，困于郁。攸父徙盛五，变于毒虿，步武惟。

故创造维新，敞之以重堂，翼之以复楼。太守张公元，电嘉其善，复祖也。遂以颜之，龛四代神主，享堂以妥之。郭山封茔，立石以表之。祀事一如先正制，无简渎者私所切切，恒以前德弗耀，则家不能世盛。弗时修则后靡所征，尝进五子而命之曰，予家赵元迄今，世有闻德，昔祖纪之家乘。寝明、寝昌，然自今观后，则又四阅世矣。更四世而一修，庶无忘世，积者尔潆，盖谋诸三泉唐子，唐子曰：是不亦善乎！

尊祖敬宗固所自尽耳，抑子姓之才，不才家之世，不世恒于此，判而决焉，而可貌焉乎哉。他日群子姓考，诸新乘佥曰：某祖贤，发某科，官某秩也，某祖才，举某事，成某义也，某祖不齿，庸众流靡宗风也，善者以为劝，不肖者以为戒，则夫世其家者容有涯乎，礼以义起百世不迁之，公论当属时宏他日矣。

弘治戊午西安修谱裔孙英序（注：弘治戊午年，指弘治十一年，1498年）：

予邓氏之先世，肇自吾离，受封为侯，食采于邓，及国为楚。并子孙因以国为姓，至祖禹，佐光武，封高密侯。子孙贵盛一时，士大夫家咸莫与京，故后世子孙，悉以南阳为郡望也。历世愈远，生聚愈繁，于是，迁徙四出，各永乃家。

予宗则自南阳一迁，而临江，再迁，而汝川。其居严之建德者，则自吾鼻祖元公始。然里居，犹仍清溪，云者盖无忘所自出也。迄我普贤公，当我明运方亨，转徙衢治，以绵世业，深惟分派，远则本源莫究，后之人将妄念尔祖，异髦至亲而莫知，加爱有之矣，职是乃傚苏、欧二氏及诸族谱例，参互考订而折中之，以著吾氏之所从来，俾后世子孙，咸知同源共派之谊，不至有途人之视矣。

录【邓氏续修家谱序】：（五）

群乡之人而无以联其属，则势涣而情不亲，群乡之人而无以别其序，则伦乖而理不顺。宗谱者，所以考其世系，本支勿替，所以联其属也。分其行列，长幼得宜，所以别其序也。古之圣人，经纶天下之大，经意不越乎是。

吾族受殷封，传高密，平江饮水扳舷，闻彩鹬之歌，南岳乘云，陟降载青鸾之异，固亦诗书文物之区也。前谱所载甚详。

窃思少溟公时，群英济济，创饰讨润，遂成甚典，嗣后及今，荒凉绝笔。每见郡乡之人，读者晤于庠，耕者聚于野，商贾迈于途。其或岁时，伏腊斗于酒，言欢问其名，则曰某，询其字，则曰某，及问其姓列，则哑然自咲，芒无所考，此固当世之所羞，而贻讥于族党者也。

幸二三同志，振起而续葺之。不然，不绝如线或几乎息。乌知，自此以降，不几同杞，宋之无征，竟湮没而不可考耶，又乌知，一父之子数世而渐，于无服至数十世，老死不相往来，竟等于途人耶。又乌知不强凌弱小，加大尊卑倒置，伦理乖张，无亲戚君臣上下，而人心不同于搏噬耶。是谱之作乐观厥成，但族类殷繁，或以境中湫溢而徙居异域，或以积逋粮迫而远窜他乡，每指不胜，屈多不及载，徐以俟襄事者之稽考云。

岂

——康熙四十一年（1702）岁次壬午夏六月吉旦

二十一世孙伯铭谨撰

录【龙源邓氏续修宗谱序】：（六）

祖居马目清溪，始于迈公。自宋以至元末，族遭兵乱，流离转徙，不可胜计。惟茂九公吉人天相，独能世守，子孙繁衍籍此一线。延至正三公蹶然再造，有子良二、良四、良七公，分"仁和""雍睦""克顺"三堂，家声丕振，散财济困，发粟赈饥均沐。

龙章宠锡，不惟好善乐施，抑且留心于世系，辑有草谱。传先即以启后，至瑞六七溟公，解组归田，有志报本，奋然续修而整葺之。此万历丙辰（指明万历四十四年，1616年）之秋也。

厥后，康熙壬午（指清康熙四十一年，1702年），乾隆丁丑（指清乾隆二十二年，1757年）、丁未（指清乾隆五十二年，1787年）及嘉庆丁丑（即清嘉庆二十二年，1817年）续修五次，历世二十有八，瓜瓞绵绵，流传不朽矣。

遐稽少溟公续谱之日，吾之高祖毓二百七十二公，年未及冠，出外经营，来之龙源礼让里，见有前青岩，为龙山关键，山明水秀，实为圣地，遂卜宅于斯焉。追所自出之，高太祖即瑞一百廿一公，乃良四公六世孙也。

良四公生三子，宣四、宣六、宣九公，分"福""禄""寿"三房。

宣四公生四子，宁三、宁六、宁廿三、宁廿九公。分"元""亨""利""贞"四房。

宁六公生盛四二公。

盛四二公生献八十公，即吾之高高太祖，始末根由详载宗谱。

可考而知，自高祖迁居龙源以后，吾祖贤二百六十一公造宗祠，立社庙，构住房，置楼厅，兼造油车、水碓、置业、垦田，动费万金。而且，延师课子，即吾父文二百五十一公，名列胶庠。七旬受皇恩立寿屏，享年八十有二。丰功伟绩指不胜屈，城乡之人，咸推龙源之人杰。

吾父弃世，余年九岁，赖母教读成名。堂侄汉英叨入黉序，吾儿开堂，忝补郡廪生，一堂济美。虽曰倖，致究蒙宗祖积善之余庆，后世子孙必须仰体先人，勤读勤耕，善继善述，庶克绍，故家大族之遗风云。

岂

——嘉庆二十二年（1817）岁在丁丑秋月之吉

龙源裔孙　讳　林瑾序

录【清溪邓氏续修宗谱序】：（七）

清溪邓氏，历史悠久，源远流长。春秋先祖吾离侯之子孙以国为姓，以南阳为郡望。吾一世祖伯元者，仕杭过严隐居清溪之旁。嗣后七世数度搬迁，几经磨难。直至元末元贞年间，九世祖仲四公才从岸口西村来邓宅定居，遂为邓宅村始祖也。

清溪邓氏宗谱，自隆三公首辑，至民国四年续修十余次，至今已届百年，由于诸多原因，几乎湮没。源心村金木公及家人设法保存，精神可嘉，彩祥公、永康公分别智保上、下半部，在本次修谱中实际助力！悠悠七百余载，逾越宋、元、明、清、民国、中华人民共和国六个时期，真可谓一部风雨沧桑、可歌可泣的家族史也。

古人云，家之有谱犹国之有史。吾祖亦谆谆告诫后人：凡三十年修谱一次。然因众多原因，近次修谱至今已隔百年，濒临危境，故续修宗谱乃吾辈应尽之大事，着手修谱也因之困难重重。期间年代过久，已过先人不少忘其生卒时辰，欲访其人其事，遗老甚微；改革开放，族人外迁，工贸于浙、赣、闽、渝各地；族人温饱有余，小康不足，人力物力维艰；少数族人谱牒观念淡薄……故本次修谱实为不易。鉴于族训：家不可无谱犹国不可无史。族中生齿既繁，亲疏逐别，未免视同宗如陌路。有谱则以次第水源木本清晰可考而敦亲睦邻；再者，同宗析居异地，代远年湮查无信息。有谱可记则异地何啻同堂，从而增强同宗凝聚力；其三，善言善行，见于谱赞，阐扬祖德则善以劝恶；忠臣孝子节妇义士亦为后代树立楷模。此古人一再彪炳之立德立言立功，承先启后，继往开来是也。为无愧于先祖，无愧于后人，百年修谱吾辈责无旁贷。

去年初夏，康二百五七锡康公自寿昌镇政府退休回乡，立志于盛世之下抢救家谱，邀同乡同宗父老兄弟发起重修宗谱之善举，多次召集族人开会，宣传、调查、填表、拟稿、拍照、筹款等一系列烦琐的工作。不少族人献义工，捐善款，在众族人大力支持下编撰人员勤奋刻苦，任劳任怨，共襄善举。历时近两载，终于在2014年底成了百年宗族盛事，遂了数千族人之夙愿！

这次修谱，既循历史传统，又纳时代精神，根据现行法律，适应族人意愿，以达到促进同宗团结和谐繁荣昌盛之目的。

由于本人才疏学浅，尚属樵夫，纰漏不当，失误之处必然甚多，望见者恕斧之。

——三十一世孙国泰拜撰

公元二〇一四年十月上浣之吉

录【清溪邓氏续修宗谱圆谱祭文】：（八）

天开黄道，吉日良辰，清溪邓氏续修百年宗谱圆谱吉祥。在圆谱庆典暨祭奠先祖仪式上，众族人向邓氏列祖列宗叩拜：一鞠躬，再鞠躬，三鞠躬。

邓氏邓宅始祖，仲四公仲畴，历尽千辛万苦，定居邓宅福地，开创宏基伟业。嘱训子孙："耕读为本，忠孝为源，诚心礼仪，廉洁奉公，劝恶从善，造福众生。"历代子孙，永铭祖训，胸怀九州，志在四方，邓氏后人，人杰答和，人望斐然。邓氏宗族成为吾邑之望族，皆赖吾祖之德，吾祖之功也！今念及祖辈克尽艰难困苦，累建功业，族人无不为之掩涕。吾祖之德，诒谋无疆，吾祖之功，未报豪芒，敬之、颂之！

清溪邓氏，自始祖仲四公定居吾邑，至今繁衍二十六世，现有族人二千余人，族之遵循祖训，继往开来，勤耕奋读，创基立业，代代人才辈出。追溯历史，文人武将不胜枚举。仰望当代，欣逢太平盛世，国强民富，族人倍加奋发，各谋其业，族人中：逢祝公为抗美援朝献身于朝鲜战场；逢金公为建立中华人民共和国而英勇捐躯；行善乐施者会云公，资助贫困学子上大学数十人；刻苦奋学，屡遭曲折终成学者博士后的立群公；今受过高等教育的学者志士遍及村户；营农，工贸勤劳致富者不乏其数。众族人为中华民族繁荣昌盛，为民族兴旺发达永葆青春不遗余力。

邓氏邓宅宗谱历经二十六世，历代先祖已续谱十余次，最近一次续修为1915年，至今已距百年之久，期间因朝代变更，民族又遭外侮，更因社会动荡，续谱之举无人顾及。今逢太平盛世，国泰民安，族孙锡康公谢仕归乡，发起续修宗谱盛举，得到众族人鼎力支持，全体撰谱人员耐劳忍怨，历经两度春秋，圆了族人续修百年宗谱之梦。今日圆谱奠献于堂，并修缮始祖诸公之陵墓，以谢祖宗之恩德。此乃吾祖之幸，吾族之兴吾族之荣也！唯冀祖灵，鉴此征觞，是歆是享。

——泰行裔源心孙永良谨撰百拜

二〇一四年仲秋

邓氏家礼志：

奢，则示之以俭。俭，则示之以礼。君子维世之徽(méi)权也。家礼，约自文，公儒共率之。吾族，有蟋蟀沮洳之风，不患其不孙也，俭不中礼，近于固矣。贫诎愚鄙，无足讶者，力纾性嗇，丧祭苟简，不以天下，俭其亲耶。麻冕可从，饩羊不废，瓜壶无靡，葵菽可烹，是在贤者之讲，明而克由之尔。

——摘自《邓氏家谱·家礼志》

第二章 摘录《王氏宗谱》资料

王氏非一，太原始尊；

姬帝之胄，独不犹人。

一本清流情更长，发育无疆贤与良；

姬王历世振宇宙，孝悌家传万古香。

——摘自《王氏宗谱》

开卷语

录【江东王氏重修宗谱序】：（一）

原洪荒未判之初，各为混沌。混沌而后，各为太一；太一而后，各为太始；太始而后，各为太初；太初而后，各为太极；太极而后，各为太素；太素而后，各为开辟；开辟而后，乃天地始立之时。

天地肇分谓之两仪，清上阳明为天，日月星辰之象著焉。浊下阴凝为地，山川丘陵之形聚焉。由是清浊之气分毓而焉，为五形之秀而人道生焉。故清而上者为圣贤，浊而下者为凡庶。其为人也，禀四大之形，受五常之性。性者情也，有情然后有命，而男女分焉。既有男女，则有父子，则有兄弟，

有兄弟，则有长幼，而后尊卑之序定矣。于是有君臣，有君臣，则有爵禄；有爵禄，则有封邑；有封邑，而有谥号；有谥号，则有茅土；有茅土，则有宗族；有宗族，而后有昭穆，不可得而紊矣。

故《春秋传》曰："同姓从宗合族，天子建国，赐姓命氏，是以诸侯受命者，族氏之别。"姓名者，所以流百世则有谱，谱者补也。郑玄曰："谱之于家，若网在纲，有条而不紊。"统绪相连，百世归于一祖，本枝益茂，千叶同乎一根。或负薪荷耒于田野之间，或鸣玉曳履于缙绅之中。要之贫贱富贵，虽曰有间，然联芳续谱之义，终不可得而泯也。分之六代谓之族，原宗同姓谓之宗，此之谓也。

臣恭维皇帝陛下，应天顺人，创业垂统，华夷混一，吴蜀荡平，君臣相胥，阀阅相尚。臣谨奉。

——敕旨卑臣权知谱事

臣观：在朝廷诸臣，所进先世名贤事迹，独王氏家传其先。本姬姓周灵王太子晋之后，实王室之贵胄。更历周、秦、汉、魏以来，各公钜乡，代不乏人欤。夫当世缙绅之士，或身居辅弼，或职处清要，而王姬半之衣冠，蔼然莫此为盛。至若士林擢秀儒学，蜚声迹远，遁于山林，躬力耕于垄亩，怡神典索，玩志篇章，靖忠死节而志。靖边方见危，授命而思匡王室，孤忠贯日，壮气凌云，凡有行人之新书，岂容私而弗录，逐使高风播于万古，美誉蔼于千秋，派胄增辉，源流可考，臣诚惶诚恐稽首顿首谨序，以闻下情，无任激切屏营之至。

——晋太康八年（287）七月　日
司隶校尉权知谱事臣崔琳谨序

成器皆良玉也，何独取于荆山者，为重炫目皆明珠也，何独推于沧海者。为珍玉之为体，必至于精光莹洁，温润纯粹无瑕可揣，然后可以为环佩。珠之为质，必极于圆盈丰丽璀璨，澄澈径寸迥异，而后可以照车乘，可以腾夜光，故概以群珠为特殊。夫二者均物耳，犹待原其所从出，始足以昭其稀，代之珍重其连城之价。

　　而况人为万物之灵，禀五形之秀，出而成大节，建大功立大业，可不推其所出之原乎？故物各有所产，惟得之于各山，秀水者乃为产之，真人各有其原，必由于皇家侯族者，乃为得其原之真也，虽然珠玉之出于荆山，沧海固美之至，非遇卞氏渊客之，知而识别之，其不舆凡珠群玉例论者，几希人氏之族。

　　固有出于帝王之贵胄，将相之遗方者矣。逮夫派别之分，星罗棋布，期间或俗染于蛮夷，或事干于篡逆，非即先世之传考论之，又曷从而别白也哉。今观王之为姓其来尚矣。自三代以迄于国朝各公钜乡，声闻影接，在秦汉，历晋、宋、齐、梁、隋、唐间，特称望族。考其得姓之由，源流非一，或以殷王子比干，后称王氏；或辽东以箕子，后曰王氏；春秋时王子父败狄有功，赐姓王氏，齐王田建后号王氏，虽同为王氏，然不无等级高下之殊，未可以一概论。惟太原王氏，世居并州。太原传家忠厚，历仕廉平。后有宦，于睦州之始新，因家于邑之东，考其所由来，实本姬姓，周灵王太子晋之后也。太子以正谏，忤君父，将为庶人，谪居太原，故因其郡而定氏族也，以刘向列仙传证之，具载本末，诚为诸王族之冠。

　　倘例以王氏视之，始于玉石混淆珠玑，错乱者无间。嗟夫，均是玉也，遇卞氏则知荆山之美，同是珠也，待渊客则知沧海之真。王一姓也，以列仙传，则知太原王为周之胄也。

绍兴间，属邑合，行乡饮酒，请乡英杰群集县庠，交接者累曰：令各书阀阅以验谱。系友人王公彦璋，乃余同舍，且言婺之金华为远族，与夫睦州之水南漕，使城西虞部派，仅数世因出家谱，具载晋唐秘省承制，详定纂叙宗派，临别且命为之叙，虽唯喏而实未知其详。姑迟之后，岁历仕途，漕台虞部，皆乡长会间，始觇其王氏得姓之由，各出家谱，示余其文，同其传派亦不谬，复会大司谏，王公于朝，历言同出丰溪派，为余同桑梓之旧。

其是，遇厚爱之后十年，金华王公位朝列，余尝以淮右团请于朝，知余为严人，首询清溪族，具言吾先祖汤沐邑，有乡曰安乐里，名丰溪，实告旧族迩来，还有历事者，当与之俱来一见，后未有申请，赖以主盟者，以王氏族同桑梓之力也，盖知前日之言，王族之源不妄，方得以记大概，附于谱书之右，他日投老休假，当复为之序。

岢

——淳熙辛丑年（1181）正月　友人金紫光禄大夫方有开谨序

《王氏宗谱》节选：（二）

且谓王氏之姓，其出东周之季灵王泄心之太子晋也。勿曰齐氏灵王荒怠政事，崩山雍川，结忿河内，民不堪命。太子以正谏失意，逐见废黜降为庶人，以从王者之后，故称王氏。其子元镜为周大夫，厥后世居太原，宦序蝉联不绝。

下王二十五代孙相汉尚书，于罝（jū）著作佐郎崔琳谱序中见之。自相下至晋、宋、齐、梁、陈、隋以来，代有名人，子孙相承繁衍盛大。至于唐高祖朝十八世孙，故散骑常侍拔武，复当于唐秘书省，汪行忠重修谱序中详见之。二书特承收集，在廷臣僚各合纂序，先世事实及得姓氏之源，抄写以进编次陈书以示后人。自拔武始自潘祈里迁居丰溪，自后分析绵延不阙，实太子晋之裔也。宗人德显相值于钱塘，因欸序，宗派索家谱，以示因旧谱而证之，复为后序。

——宋乾道辛卯岁（1171）仲春月　远孙乡贡进士三山王子谨序

王氏本姬姓。黄帝之后，长子兄元嚣，五代孙弃尧，举为农师，教民稼穑，种艺百谷。久成蒸民，乃粒有功，封于邰号曰后稷。后十五世而文王兴焉，传及武王成康下，至灵王泄心，太子晋，字子乔，以正谏，失意降为庶人，谪居太原郡，晋阳县城都乡唐板里，以其王者之后，因称王氏。

按《刘向列传》曰：讳晋，字子乔，周灵王之太子也……按谱初以正谏王，役忤意，谪为庶人，居太原郡，晋阳县城都乡唐板里。以其王者之后，因称王氏，此得姓之第一世祖也。娶周大夫，尹氏之女，生一子元镜……

——《太原王氏晋阳开国得姓之由》

维我王氏，起自太原，迁于丹阳，宦居于始新横山，后徙于丰溪，即今严郡淳邑是也。又自淳而适建之上王茅溪，复自茅溪而分为下王与桃峰之里王，自里王又分为兰之都心和寿之直坞。历迁之由，与夫得姓之原纎悉具备，一览无遗也。

——《继志续修宗谱序》　十九代裔孙敬德谨序

粤稽我祖，出自东周之季，灵王泄心之太子晋也，太子以正谏，失意，降为庶人，以从王者之后，遂称王氏。其子元镜为周上大夫，厥后世居太原，宦序联绵。

传至二十四代祖，汉尚书元卿公，于灵帝光和六年（183）渡江居丹阳，为江左第一祖。

自元卿公至三十六世祖户部尚书智仰公，迁于始新，即今淳安横山安乐乡也。

自智仰公至唐代散骑常侍拔武公迁于丰溪，即今淳安丰源富昌也。

拔武公下至八世祖，户部员外郎德崇公，仕于唐末，居职清谨，有忤权要，遂弃官归里，素姓恬淡，欲择一潜身自乐之境。于是，与夫人章氏同次子讳立贤去丰溪之故地，迁于建德之茅溪。因其姓而名其地曰上王。

琼公之子爱公、惜公智，具几先知上王非久居之地，遂同徙居下王。惜公居不数年，以其地不满志，迺觅桃峰之下，见前后峰峦挺秀，金龟蜿蜒，左抱石门峥嵘，右峙两水，潆洄夹流，以为此可以卜万代之宏基，遂别爱公而迁居焉。因下王主外，而名地曰里王。嗣后子孙延蔓，名人辈出。

自惜公徙居以来，六百九十余年

——《续修王氏宗谱序》大清道光四年（1824）

菊月　日吉旦　爱公二十一世孙邑庠生茂椿谨序

录【重修王氏宗谱序】：（三）

丰溪王氏嗣孙，有讳资宁，字子安者，以文学拔官吏部，谒余邸舍语，曰：王氏派衍，故为周灵王太子晋之后，其子孙延蔓蕃茂。自江北至东南，代为显达者，不可以千百计，旧谱固已一一登著明白，切要一览，备晓无余蕴矣。窃恨丰溪谱系未有序，以彰其实。淳安二十九祖，讳智仰者，仕陈为始新，令因家焉。

永定间，诏除给事，中迁户部尚书，乞骸骨仍卜居县东二十里，曰横山。淳安之有王氏，自尚书公始也，其子道立，陈武卫常侍孙天念，陈卫王府三军，三军之子文成，邵陵王府侍郎，长子遁仕隋会稽令，此横山之显祖。丰溪自常侍以下，今二十五世耳。孙干，唐行军司马，司马次子柯俭，官至侍偫都指挥使，封忠顺英烈侯。兄弟克谐，唐户部尚书克勤副指挥使仁宥，登宋进士第大理评事，仁鄂膺文，学选不仕，仁鄂十世孙端回，宋太学教谕，通校书院山长，叔祖仕章，广州通判，此丰溪之显祖。只按之仪纯伟学位优长，方将登膴仕，以图补报，又虑旧谱散逸难阅，自派系图墓次别一撤，而新之靳予序。

丰溪嫡派世系，诚知本者也，余何靳于言哉，余惟子孙之延蔓贤达，由祖宗积累之厚也。邓林之木，人知其高耸葱郁，而不知由其培植之。有道异山之钟，人知其铿锵溜亮，而不知由其跃冶之有法。今观丰溪王氏之谱系，世有显人，光昭先后而子孙延蔓，贤达又蕃芜于朝野。其必邓林之木，丰山之钟，高耸葱郁、铿锵溜亮，岂苍茫呼铊者之足，比拟其万一哉。

予阅谱多矣，其间牵强附会殊不快意。今幸得见吾友王氏之谱，自太子晋以至于今，显着不矜，隐者不啬，文章政事，德业文望，至于贾旋耕鉴，无不备载。以彰其实，则王氏之谱，卓为他谱之冠，余因不靳，逐著书于丰溪世系之首云。

岢

——宣德九年（1434）泷集甲寅冬十月上澣之良
蜀府典宝　前湖渍考试官同邑陈衡书

录【重修王氏宗谱序】：（四）

历观名门佑族之家世，由于德业之积，于巳者隆。故其祥誉之发，于时者大，福泽之垂于后者远也。谨按谱，王氏始周灵王太子晋，以至于今岁七十世矣。江北、江左，丰溪、茅溪，将相功业，代有其人。巳见于诸公序中，奚容予啄，弟以各族分派其间，不能一一具载，亦其势耳。然，霸之后有河汾者出，故巳书矣。如吉，汉宣帝朝为博士谏大夫。生崇，平帝朝为司空，三世清廉著名。自吉三十世之后，至晋公祐为兵部侍郎。历仕宋太祖太宗，子魏国文正公旦，相真宗。于景德享福，享其福、禄、荣名十有八年。子懿敏公，素事仁宗，出入侍从将帅三十余年，以工部尚书致仕，盖晋国公。直道不容，于时手植三槐于庭，曰吾子孙必有为三公者，巳而其子果显，世称"三槐王"。王氏噫人，知晋公修德于巳，责报于天者，果如此。而不知晋公父子之显荣，由于三世清要之德业绩，于先三槐之声誉，发于时福泽之垂，于后大且远也，此诸君子所阙言，因敢谨书雨后。

岢

——皇明成化甲午（1474）岁春三月既望

臣行忠，切惟断鼍由立极，以还野鹿之遗风。寝易三才之位，既奠五常之道，始彰阴阳，垂万物之形清浊，运四时之气。遂乃皇王启运，茅土分封，五服于是，渐兴九族。由兹既睦，照得王氏之本源。姬姓周灵王太子晋，以正谏，失意，废为庶人，谪居并州太原郡，晋阳县城都乡唐板里，因家焉，以从王者之后，因称王氏。太子年十五，志气肃然，道骨特异。春宫鸡唱，龙楼绝问，寂之恭夜猿惊。

丹阙有心朝玉帝，缑山举手谢时人。其子元镜仕至大夫，苗裔相承，簪缨不坠。后之孙贾，仕于卫侯。藩赖以奠安。暨武帝时，王袭拜中书监，元封六年（公元前105），除太原太守。长子广随父任，复居太原。次子吉为昌邑尉。广七世孙相，字元卿，汉尚书左仆射。至光和六年（183）癸亥，灵帝朝，降为零陵太守。因渡淮迁江左，居丹阳，年七十三卒，谥曰历公，窆蒋山，栖云之南。后王克，字仲，任会籍上虞，即其流派。

自汉元成哀平以来，王商为大丞相，崇为大司空。会大将军凤专权，以逸见黜，守死不阿。光武中兴，王霸徵为尚书，会新室作乱，遂不复仕，事著逸民传。王肃以儒学显，王况以政绩称，王祥以孝行闻。王榘，字仲方，晋怀帝为京兆主簿，历仕台省，出为广州刺史。及相四世孙导，字茂宏，建典，避石勒乱，随龙南渡，遂宅山阴，王相、王导两记渡江前后不同，实非一时。

晋穆帝时，王羲之居山阴，其后子孙或因官不返，或适志忘归。九州固磐石之宗，四海衍同源之派，若非纂辑，焉究流传。证得王氏大姓，实晋武帝时，梦与神人语，自称先世名贤，于是，敕司隶校尉崔琳，更集九州百郡，并州郡仕贵，各赍先世谱状投上秘阁。品为四海大姓，当时丹阳郡，故彰合王智融，狼牙令王导等，首赍先代各官年月投进，自周太子晋迄于宫，计二十四代为一谱，臣行忠等昨准。

贞观六年（632）赦旨，俾臣品量，王氏大姓，故汉安南将军，除豫章零陵丹阳三军太守，迁光禄大夫尚书左仆射。灵帝光和六年（183），癸亥降零陵太守。王相渡江宅丹阳为第一代，相乃宫之子，至十九世孙拔武为第一谱，纂集究定，缮写进呈乞行。

颁降

——万历登封九年（1581）辛丑三月　日

朝奉行秘书正字臣汪行忠序

录【姬周王氏江东更迁自淳至建下王里王都心直坞同印谱序】：（五）

夫谱之事难言矣，曷言乎其难也。人心不一，不能齐也。岁时不利，不能行也。支分而派数繁，用费广亦不能成也。况欲独刊梨枣，而绣梓更难矣。吾族之谱源清而流长，词简而理约，始于晋朝，冠越当时，古谱载之详矣。必欲求其无忝乎，祖斯可矣。如其不遵古训，不究根源，待近亲如他人，视同宗如路客，贫富殊情贵贱，异境长幼不分，亲疏不别，是谱也无益于后世矣。

谱之义，何居乎？所以合一本而大同也。计其实不虚其文，如木之有本，水之有源，勿容混也。其义有尊卑焉，不可犯也。有亲疏焉，不可例也。有良贱焉，不可紊也。有主仆焉，不可乱也。

粤稽我祖，自周太子晋谪居太原，以王者之后，遂各王姓。自是而后，各公巨卿，真儒将相，代有其人，祖谱所载，不可枚举。传至二十四世祖王相，于汉灵帝光和六年（183），以尚书降零陵太守，徙居丹阳。又徙吴兴郡，此渡江第一祖也。自后，绵衍分派，发育无疆，派居各郡，悉备于谱，传至三十六世祖，户部尚书智仰公，迁于始新，即今严郡，淳安县横山安乐乡也。又横山四十七世祖，仕至散骑常侍，迁于丰溪，即淳之富昌也。由富昌而四十九世祖，迁于建邑茅溪上王，乃户部尚书员外德崇公也。传四世，而觉明公登进士，入司马君，实公之选，亦淳之灵气所荫也。后迁下王者爱公也，迁里王者，爱公之弟惜公也。

自惜公派下，居兰之都心者昭七公也，又派，而居寿之直坞者，亨三四公也。现有千丁，而皆以农业是务，虽有志读书，仅以入庠，而科甲不振者，地所限也。虽然祖谱以孝悌立根，亲亲长长而天下平，岂在一姓而然耶。功名不足重，孝悌始成尊，菽水承欢以尽孝，布被分痛以尽弟，无论远近，尊卑有序，不拘贵贱，长幼有别，世系详而行第明也。继续笔录，所自绝祀，必备其支，坵墓必详记，祭祀必严敬，良贱不为婚，嫁娶必择姓，隶仆不可冒，非派不入谱，一本大同之义，人而弗淆，即宋之三槐，乃吾广祖之弟，吉祖派也。

世有贤儒相业，因派远不及详也。噫，自淳而来，旧有皇封玉牒，各公亲笔之谱，被盗而失火矣。幸录有写本，因居址写远，人心不齐，有志者，感慨系之矣。

今岁适遇江西孔起潜，有活字印版，而用费亦廉。下王之祖辈讳邦杰，开泰者，奋然纠众举其事。时敬德亦与其议，但祖谱四族所同而印造，加工可便览。爰是，会里王、都心、直坞，共印祖谱一十三部，三族每四部，而直坞一部，以部少而珍重，收藏不可失也。编其部名，各领而宝藏之。其四族分支各自印造，以续成焉。举事者功不可泯，列于后，以彰其与事同心之绩，使后之人不忘所自也。可叹者，四族行次弟，立字长幼相犯，因前人之误，不敢改正，以后四族取定字行，次弟各自排焉，以便一见便知长幼。

但我祖之谱与他姓不同，出仕而不肖者，欺君，害民，难富贵，但记其名，不录其迹，示惩也。若隐居林下，道德自恃，孝友于家者，贫贱必表其行焉，示劝也旷，而言之民，吾同胞物吾同兴也，一体同仁有别乎，五伦既序，族姓已分，不有谱系，何以合一，而大同哉谱既成矣，不能无言，以叙其始末云。

自后族派行以二十字为率，不得更改。

道、宗、述、先、训、学、崇、希、圣、贤、

和、睦、辉、前、列、孝、弟、代、相、传。

岢

——清康熙四十二年（1703）岁在癸未桂月　吉旦

七十四世孙敬德谨序

录《迁居里王始祖序》：（六）

大凡古之立大志，谋久远者，其规模识见，肚量才能，自有迥异。群论卓越千古，非庸流之所能窥其万一者。但创立于一时，相沿于数代，世远年湮，本支繁盛，尚不能追溯。其所自始，考核其所由来，则迺祖之。深心远虑，大志远猷，俱置若弁髦。遂使后世子孙，纵有功名富贵甲于天下者，而皆昧厥，源流不亦，上有负于祖宗，下而贻讥于侪俗也者。此里王王氏之所以急急焉。

修明谱帙更皇皇焉，追述其所从来也第，粤稽其得姓之由，历数其迁居之地，千余年之间，亦不知其几百余处。各地同宗文献足证，亦皆言之，悉载之称矣。固不必广搜而再述也。惟自茅溪一迁，名曰上王，追自上王而爱、惜二公，已居一十余代矣。而爱、惜二公，则识高、志远、明炳，几先若有见于上王之地，不足以人居。于是，奋然突与兄弟相谐，遂迁居于下王。

试观今日之上王，其盛衰兴废大相蔓绝，方知二公之才知诚哉。有不

可几及者，虽然由今之备矣，故不必广搜而再述也。度之，若惜公之才，知更有踰于爱公者。然，盖下王之迁，二公者同迁者也，同处仅居五六载，惜公见下王之居址，其山水似乎过于涣散，即有不能自安者焉。迺独溯源而进，见夫桃峰之麓，地势盘旋，清溪之水与考源之流夹聚而来。金龟居右，石门居左，相对而峙。于是，惜公不觉欣然自度曰：以数十里之源流潆汇于前，数十里之来龙峰拥于后，抑且门户紧锁，地气磐结，山清水秀，灵气旋钟，以居必发，匕必久长。于是决志于此，遂与爱公别而迁也。其始基里太平之下坂，即以已之姓而名之，乃曰王坂。未几，数世子孙繁衍，烟居稠密，逐并里太平之基，皆厦屋联络而无间矣。以爱公之所居在外，惜公之所居在里，故相传而别其地，因以里王称焉。

及永乐弘治时，屡遭洪水之患，里太平所居房屋几去其半。于是，文十二公，分居于中洲景；十四公析居于前溪；恭十八公、恭二十三公同居于新宅；文十二公之子亨三四公，又迁居于寿昌之直坞；世孙名颖之公，因赘居于兰溪都心；而永十公派仍居旧址。凡所分居，无不兴发。书香衍庆，代不乏人。此皆惜公之流，泽桃峰之灵秀感，应而然也。

噫，以惜公一日之决志，而立子孙不绝之规模。以上王一支以遗裔，而为里王百世之始祖，子孙昌大，烟祀绵延，固已难几。倘后之子孙更有能振起家声，名扬四海，则惜公当日迁居之志不更大？有慰焉者乎！予家自彦学公，至于行英字，凡九世而八代，皆王氏之甥，予亦王氏之甥，又王氏之婿也，故王氏之本支源流，予知之最悉。今遇修谱，蒙以谱之序文俯托，因敢详述其由来，并于谱首，俾后之阅者，开卷而即知其巅末，而且有所感发云。

峕

——清康熙四十二年（1703）岁在癸未菊月之吉

府庠生清溪邓钜智拜撰

录【王氏迁居梓林记】：（七）

王君讳傅，字子敬，厥弟俊，字子英，佺字子衡，咸予外兄弟也。予时适其居，异其地之形胜，遂询其从迁之。自乃述已告于予，曰某之先，自周灵王太子晋居太原郡，历至赵宋十员外，讳君锡，宦游至淳安富昌丰源。迁居于建邑茅溪，至上王。既而，高大父三府君，讳惜公，怡情丘壑，探桃峰之秀，爱王坂之腴，乃筑室于中溪之胜，此再迁之始也。襟带之水环绕其居，若以为斯于临其前矣。

熟知弘治九年（1496），洪水横流，堤防崩溃，庐舍为水所漂，而基址逐为川壑矣。父恭十八府君，讳存德，暨叔父恭二十三府君，讳存贤，目击其灾，有不能一日安于其所者。因循至嘉靖五年（1526），命工筑堤，重新居宅，宛然旧日之景象。正欲安享其成，奈何至十八年间，淫雨继日，川壑沸腾，洪水之灾甚于弘治，新筑之堤直穴如故，年深日久，而畔岸之坍塌者，益深广而不可筑护矣。中洲之境兀然一中溪之地气脉，不相联属，其不可居，不待智者。

而后知也，于是仰前人之故事，偕弟寻山觅水，欲求可居者胥迁之。由故居而入，不半里许，得考源梓林之窝，地脉盘旋，峰峦拱揖，登其地，而眺望若城廓焉，乃喜不自胜。与谋曰："有地，若此可缓为之图乎！"于是，捐金买地而卜焉。其规模胜概，虽若出于天成，而经度营表，又不能不赖于人力也。

是故因地之黄陂也，则开垦除治之，欲水之旋绕也，则穿凿疏泸之。正方面而规划始，定于营建而堂室。聿新、园圃、坡地驯至就绪，沟渠、道路悉为更新，此则其三迁也。亦庶几有磐石之安，而无复洪水之患。公盖为我志之乎。闻之曰：嘻，君其得古人，从迁之遗意乎？是迁也，以山川则秀丽，以风气则凝聚，由是而产人物，吾知其卓越也，由是而培基业，吾知其广饶也，由是而传后世，吾知其必悠远而繁衍也，此诚可为子孙之永久之基，愈彰而愈盛者矣。

虽然不能无疑焉，尚闻之君曰，此地乃徐氏故居也。先世甚盛，郡马节干，相继而出，地之灵异，于兹可验，历至数传，而先业已坠，岂其气运之有盛衰。与吾又曰：非也！累世相传子孙奢，纵取祖宗之成业，一旦更张之，故乖气协应，以致有今日耳。谓非人事之有得失乎哉，由是观之则知，作聪明乱旧章者，自取覆败之祸，君子之子孙，当思祖宗创造之难，而知守成之不易，恪守成规，毋轻改作可也。

岜

——明隆庆四年（1570）庚午夏月吉旦

眷弟清溪庠生邓植顿首拜书

录【梓林王氏重修宗谱序】：（八）

粤稽太古之初，未有姓氏，自伏羲氏出立之姓名，教民嫁娶，人事渐起。维我太原王氏，系姬姓周显灵王太子，晋尚书王相，世丞相王溥，状元王旦，居太原晋阳城，即称王氏第一世祖。而后，自太原徙迁丹阳，宦居于始新横山，后再徙于淳安丰溪，转徙建德上王茅溪（即石澳）。

自茅溪爱公迁至下王，由惜公观察桃峰，插云端绝顶。望金兰峰脉，绕群山崛起乌龙尾，左手金龟，右手石门，石壁遥遥，相对此处，源远流长。土地肥沃，山林茂盛，青山秀水，风景可爱。为此，徙迁于桃峰下桃源里王及殿后村，部分居源心。于昭七公分徙都心，到亨三十四公，分徙建德直坞底。其里王、殿后徐村，原属严州府建德县马目里五保，珠字十一都二图。

　　1949年，中华人民共和国成立，行政区域更改，属寿昌县更楼区邓家乡源心里王殿后村。1958年为兴建芝堰水库，划归兰溪市所属。为兰溪市芝堰水库建设顺利完成，于1979年由兰溪市人民政府安置移居殿口村，按全村总人口百分之六十外迁，百分之四十内退，里王、源心村全部迁移，形成东移西迁分散居住的格局。

　　今因年代久远，自1916年修谱迄今，已有八十四载。因而宗谱难以稽查，经王姓后裔协议重修新宗谱，并注明迁址，以录备查前来源派系，实录有老宗谱考核。

　　里王全村迁居三峰殿口，从"学"字行一公起分支，自编立宗谱，其殿后、源心属"存心堂"，后裔自"学"字行至"贤"字行编载宗谱三部，承先启后，永远保存。

　　五房一部

　　七房一部

　　源心一部

　　注：殿后村，迁女埠地区。源心村，迁游埠、永昌地区。

附：前老谱行例外后裔行，自"学"字行起，依二十字为率，不得更改。

学、崇、希、圣、贤、和、睦、辉、前、列、
孝、弟、代、相、传、源、远、世、泽、长。

——公元二〇〇〇年　庚辰　孟春　吉旦

第三章 摘录《方氏宗谱》资料

摘录【重修方世宗谱序】：（一）

在当今百家姓中，方氏位列第六十二位，方姓人口占全国总人口的0.36%。

方姓家族历史悠久，源远流长。据成书于战国的《世本》记载：方姓源于炎帝之孙榆罔之长子雷，因协助黄帝讨伐蚩尤有功，受封于方山（今河南禹州方山镇），赐姓方。所以，方雷是方氏的鼻祖。此后，尧帝时的隐士方回，夏朝的奇士方相，西周时协助宣王平叛的方叔，都是早期方氏祖先的佼佼者，他们居住河南，成为名门望族。因之出自河南的方氏郡望为河南郡（郡望是显贵世族为标明家族出身而用的称号）。

西汉末年，世居中原的方姓人开始向四方迁徙。据兰溪方氏宗谱记载，西汉末年，先祖方纮，博学多才，官拜大司马长吏、河南太守，因避王莽之乱，携家迁至安徽歙县东乡；到了东汉，方纮之子方雄，官迁给事中，后授云麾将军，随伏波将军马援征武陵有功，官拜河西太守。雄有三子：俦、储、俨，二子储为兰溪方氏直系先祖，于建初年间（76—83）举贤良方正（汉代选拔官员的制度），因对策第一，拜议郎，授洛阳令。

唐代时方姓被称为"唐国之柱"的26姓之一，方纮之三十一世孙方干为唐代著名诗人，唐宪宗永和十年（816）曾受皇帝褒奖，因举不第而隐居白云源（旧时睦州境内）。

五代时，方干之后四代孙方俊公，任青田令，因厌五代之乱，解印以归，路经双溪（即兰溪），心爱之，遂举家从睦州迁之兰溪姚墩居住，所以方俊公当为兰溪姚墩方氏之始祖。俊公之后八代孙方襄公，于南宋之初迁至离祖居二里之地下方，则襄公当为下方方氏之始祖。明洪武初，下方第十代方昊到玉华山下上吴"就甥馆之礼"，从下方后宅家迁之上吴，则昊公为上吴方氏之始祖也。

下方方氏第廿五世春烈公（森三百次子，行二百四九），字载光，于嘉庆年间携夫人诸葛氏从兰溪县诸葛镇下方村始迁福建省福鼎县秦屿镇，故春烈公当为方氏鼎秦一脉之始祖也。至今已繁衍八代。

——兰溪下方第三十世裔孙鼎秦春烈公第六代裔孙方钰祖顿首拜撰

丁亥年三月初三日（2007年4月19日）

注：《重修方氏宗谱序》一文，摘自方春田博客。

卷二 源心发展史总览

第一章　历史姓氏概括

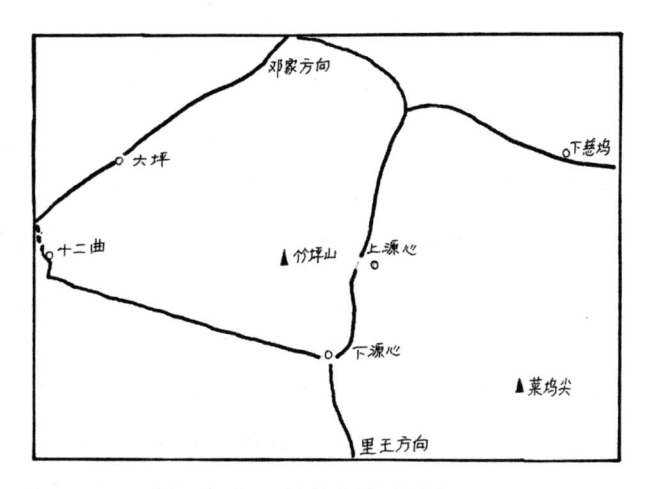

上、下源心村村庄地形对应图

　　源心，原本是古严州府所管辖的一个村邑之名，历史上属严州马目乡管辖之地，中华人民共和国成立后由寿昌县短暂管辖，后因国家水利建设的需要和行政区域战略决策规划的调整，于20世纪50年代末期从寿昌县划出，被归并到金华地区兰溪县中，成为兰溪市（当时为"县"）所辖的一个村庄。

"源心"，顾名思义，即为山川河流之源头的中心所在。

源心村的水源从上而来，主要是一条小溪，这条小溪被村民称为"前溪"。它发源于建德市，溪水从甘岭和新旧岭自北向南逶迤而来，最后主要集中在邓家这一条山垄中。因为这条山垄从源头经各个山谷自上而下聚成一垄，所以被人们称为"垄源"。垄源因山高林密，地下水源丰富，每逢雨季便会雾气腾腾，犹如飞龙腾跃在半空之中，所以，久而久之，便被人们称为"龙源"。龙源之水从上而下必须通过源心村才能直达芝溪，最后汇入兰江。大概正是因为源心村处在龙源之垄的中心地段，所以才称为"源心"吧。

古源心村，原本是严州府寿昌县的一个并不起眼的小小自然村，是建德邓家村的分衍。山脉发源于建德甘岭山系和新、旧岭山系，坐落在古严州府邓家村之南和严婺古道唯一的驿站芝堰村的北面。村子的地形地貌独特，与邓家村相距约三公里，与芝堰村相距不到六公里，是个战火烧不到、匪患难侵害的安靖之处。

源心村村庄的构建布局，呈东西相对，南北对峙。从地理学的角度来看，布局非常合理，设计相当科学。前有下慈坞行政村和殿后徐行政村为屏，后有十二曲村和大坪村为依托，北靠邓家甘岭山峰，南邻芝堰狮峰，更兼东有菜坞尖山峰，西有竹坪山山峰，为前后两大屏障，形成了"一川贯南北，两谷列东西，三村鼎相对，四水汇一溪"的风水宝地。（注：一川，指从邓家村到芝堰村的山川。两谷，指东有吴坞山谷，西有接湾山谷。三村，指下慈坞村、里王村和十二曲村，它们在源心村的前后左右形成了独特的三角鼎立拱卫村庄之势。四水，指甘岭水系、新旧岭水系、接湾水系、吴坞水系。）更神奇的是，这里四邻于严州、新安江、寿昌、兰溪，且与这四地相距都在五十里上下。可见，源心村是一个名副其实的"中心之源"村。

历史上，源心村还是古严州府（今杭州建德市梅城街道）和寿昌县（今杭州建德市寿昌街道）直通兰溪县、婺州府（今金华市区）的"四地交通要道，两府必经之路"，是个一夫当关、万夫莫开的关隘之处。因此，古语有"严婺一关隘，四府咽喉地，龙马不能跃，飞鹰难逾越"之说法。

历史上，从明代开始，一直到国民政府后期，每一时期都有人热衷于在此方宝地上建立地方武装政权。尤其是到了清朝末期和民国时期，更有不少地方势力，在此招兵买马，安营扎寨，建立据点，称雄一方。远的有太平天国之起义军，近的有国民党的残余势力和地方匪患武装，等等。

由于源心村四面山高林密，两厢峭壁危崖，独特而复杂的地理环境，形成了关隘易守难越的地理特点。因为，可供人通行的主要大路只有一条，于是，历史上在兰溪、金华通往建德、寿昌的这条唯一之驿道上，还建有古城墙和城门，并且由政府派兵守卫。而其建造的城门关卡就坐落在源心村的北面，即离村庄约二里之遥的永坎坞山麓，也就是源心村通往邓家村的咽喉之处。这里就是历史上被人们称为"七山关"的关隘处。而正是因为此处建有关隘城门，后来便一直被人们称为"狗洞门"。

当年，人们从源心村出发要到建德邓家村方向去，如果走大路的话，必须经过"七山关"的"狗洞门"处。因为除此之外，别无选择。于是，这么一个小小的关卡，就给人们留下了许多遐想和故事。但是，要说这"七山关"之名从何而来？一个原本就有山名的地方，为何要称呼"狗洞门"呢？因无史可查，只能从民间的传说中去领略它的韵味了。（据《建德县志》记载："七山关在城南四十五里邓宅，两山夹持，粤乱时，村人于此垒石，为关屹如天堑。"）可惜县志上没有更详细的说明，不失为一大遗憾。

据民间传说，在江南建德一带，历史上曾经设立过七个关卡，第一关在姜山岭，第二关和第三关在旧岭和新岭，第四关和第五关在大、小甘岭，第六关在长廊岗，第七关在棺材头，即邓家永坎坞口。具体到底如何，还有待考证。但是，历史上为什么要在这里设立关卡？这些关卡又是建立在什么年代？是官府建立的，还是民间建立的？是官家用来驻军防叛乱的，还是民间用来防匪患的？这些问题，现已很少有人知晓。

对"七山关"有个大概的了解以后，我们知道了"七山关"原来并不是这一带的山名，它只不过是这座被老百姓称为"狗洞门"的小城门的称呼而已。当年，此城门坐落在永坎坞口的棺材潭边，凡是南北相向要从此过的人们，一定得通过棺材潭边。

棺材潭原是邓家溪流中的一个大水潭，上游溪水流到此处都必须汇入潭中转个弯才能向下而去，因当年水潭边有一块大石头样子很像棺材而得名。而在这棺材石上就是一条必走之路，它的一边是陡峭的悬崖，一边是湍急的溪水。这里的地形十分狭窄，宽不过十余米，是一处锁住南北道路咽喉之处。在冷兵器时代，任人有十八般武艺，要想强行闯关，也非常困难。所以，凡来到关前的人们总会发出类似于"蜀道难，难于上青天"的感慨。

对于今天的人们来说，当年建这么一个小小的关隘到底有什么用处呢？它又是怎样被命名为"第七关"的呢？古人取这关名到底有何用意呢？很多事情还是令人费解。按常理，一般政府部门的城门都应该建造在城市周边，那样才能够护卫和管理城市，起到防盗防匪保境安民的作用。而在这深山的峡谷之中建有城门，只有两个原因可以解释，一个是说明当时一定有上规模的地方武装势力存在，再一个就是有政府守卫军事要塞需要。但是，据了解，后一种解释比较讲得通，因为历来就有传说，说此处在明代曾经是皇家派兵护卫之处。可见这里地域之重要，同时也可以说明，这里应该是一处兵家必争的要塞之地。

源心村到邓家村的"七山关"城墙和城门，到底建于什么年代，如今已无从查考。据九十多岁的长辈们说，城墙和城门应该建于明朝年间。因为，源心人的老祖宗，也就是邓家人的老祖宗，早在宋靖康年间就在盛五山下发展壮大。作为清溪后裔的这一支邓氏族人，因繁衍盛多，族兴人旺，最后有不少人走向了出仕和经商旺族的道路。比较有名的是明永乐年间的邓世良、邓世高兄弟。史载兄弟俩当年贩粮于河南时，见旱魃为虐，灾情严重，饿殍载道，满目疮痍，便挺身赈灾解危难，扶贫济困救黎庶，向当地灾民施舍了粮食五百余石，他俩的举动感动了政府，因而得到了朝廷的嘉奖。以上史料记载于明成化十年（1474）十二月间。同时，朝廷还拨官银若干在邓家村村口立一石牌坊，上刻"敬天勤""民之宝"之字给以褒奖，此石牌坊为大明成化皇帝所敕赐，上刻"承恩"两字，寓意蒙受皇家之恩荣。

再后来又有美政公（字尚德、少溟，邓氏宗谱载为"瑞字行第六七公"，明嘉靖甲寅八月生，万历庚申二月卒，1554—1620年）。他高中进士，官至三品，着实给家乡带来了风光。《邓氏宗谱》载美政公："在明万历壬午年（万历十年）科，即1582年，中浙江乡试姜镜榜第八十八名，在丙午（万历三十四年）科，即1606年，中会试袁宗道榜第一百三十名，在廷试唐文献榜第三甲第十五名。授湖广承天府推官，升南京大理寺左寺评事，升南京刑部山西司主事，调南京兵部车驾司主事，升本部职方司署员外郎事主事，升本部车驾司署郎中事主事，升福建提刑按察司分巡建南道签事，升湖广承宣布政使司分守荆西道右恭议，升徽宁道江西按察司副使，调广东承宣布政使司分守岭西道右恭议，升陕西苑马寺卿。"而且有谱证明，邓美政在明朝万历年间曾高中进士，做了大官，曾任职于湖广、江苏、福建、江西、山西等多地，并且后来官拜三品。因此，该处的城墙和城门有可能是他在位，或者世良、世高兄弟被皇家嘉奖的时代建造的。

而今令人遗憾的是，此城墙在太平军作乱时期早已被毁，但值得庆幸的是，城门却一直保留到20世纪60年代的"文化大革命"后期才倒塌。如此，至少给今天的源心后人留下了一点历史的记忆。

至于"七山关"的城门，为何又被人叫作"狗洞门"呢？遗憾的是，至今也已无人知道原因。据猜测，这有可能是古代按八卦方位的地形取的名，也有可能是按驻军部队的番号起的名，更有可能是因为城门规模不大，不像大城门那样气派，反倒像狗洞那样小巧吧。因为，历史上军队有时候是按天干地支与十二生肖的方位排列的，恕在这里不一一展开讨论。

历史上，在"七山关"城门靠北约一公里之处，是邓家村邓姓人家敬天祭祖的"大公殿"，这也是源心人敬天祭祖的大公殿。而在"七山关"西南方向，也就是靠源心村的一侧，还建有一所小小的寺庙。但是，此庙宇到底供奉着何种神祇，至今也已无法考证，估计是一座道家的庙宇。据老人们说，当年这所庙宇虽然不大，却装修得很不错，而且里面曾经居住过僧人，并且住在里面的出家僧人还会武功。据说，在一次抵抗太平军的战斗中，庙中和尚仅三人，却一战杀退了"长毛乱军"（百姓口语，实为当时已经溃败的太平军余党）几十人。但是，后来到底还发生过什么故事，也已无从知晓。如今，更不知寺庙为何名。

据道教《崇真道院·宿启科》中载：清朝末期至民国初期，在上源心和下源心两地都设有一座小庙宇，上源心庙宇中的神祇是"一切令公"，下源心庙宇中的神祇是"德圣明王"。上、下两座庙宇大概建在平水殿边和枫坞口,由此推断,上源心的"平水殿边",可能是因为在此处建有"平水殿"而得名的。另外,当年在邓家村的水口也曾建有一座小庙,称为"水口庙",里面供奉着的是"贤圣侯王",如此说来,这也是一座供奉"侯王"之类的庙宇,但尚有待考证。

当年,在"七山关"城门的南面还立有高大的石牌坊一座,这是当年明朝政府为了表彰邓家村邓姓家族贞洁妇人的"贞烈牌坊"。牌坊高两丈余,由清一色的大青石梁柱建成,而且,在石柱、石梁上全都有精工雕琢而成的图案,非常气派。听长辈们说,石牌坊在中华人民共和国成立前期不幸倒塌,中华人民共和国成立后还有石柱、石梁遗存。但如今,牌坊也早已经不见了,那些记忆历史的沧桑也已无从查考,只有少数老人们时而还在念叨,那"是明代的古迹""是明皇的恩典""是先太祖婆的荣耀",其他的一无所知。因此事在《邓氏宗谱》上没有记载,目前,在其他方面也没有发现文史资料,故我们只能把它们看作历史的烟云,也只能无奈地让它们随历史尘封而去。

源心村的地形地貌非常独特,是个诗情画意的优美地方。这里山高林密,草木茂盛,清溪交汇,细水长流。且山涧水源充裕,山谷出产丰腴,四季鲜花簇簇,八节松柏常青,是一方山清水秀之处。更兼双溪水源不断,五谷杂粮有保障,四面山峦为屏,冬夏罡风不侵,实是一湾宝贵的宜居之地。如果人们长期居住在这里,晴天能看见那山巅之上蓝天白云所折射的瑞彩祥光,和四周青山的烟岚相绕之美景,雨天可观赏那山谷之中水雾弥漫所笼罩的云烟飞度,和雨雾凝花的残滴悬枝之景色,大有如入仙乡、似仙若仙的感觉。而且,如按八卦乾坤方位建造村庄来看的话,这里比诸葛八卦村不知要神秘多少倍。外界的人若不置身其中,是很难认识这里的真面目的。

因此，人们有诗云：

峦峰叠翠古源邺，薄雾轻烟处处春。
四季馨香花不断，双溪玉液水无尘。
岩花着色千山秀，涧溜分痕一径新。
缥缈云岚光熠熠，松青柏翠树臻臻。

又：

烟霞瑞霭清溪邑，草木云光紫气氲。
黛影贞明三泰地，岚光久照四时春。
村前岭走狸狐宝，屋后溪游鳌蟹珍。
缥缈云崆青晓岫，南阳后裔古风淳。

　　源心村的发展轨迹是非常清晰的。历史记载最早定居在源心村的人群是邓姓先人。源心村的邓姓先祖原是从严州府（寿昌县）邓家村分衍而来的，时间大约在 15 世纪初期。那时，正是中国历史上的大明王朝时期，大概是在永乐皇帝朱棣在位的前后（注：大明永乐皇帝朱棣是明朝第三任皇帝，在位时间为 1402—1424 年）。因此，邓姓是源心村的主姓，居住在源心村已经有六百余年的历史了。

　　邓姓在源心发展约四个世纪后，由于人口不断增加，村庄的建设已经有了一定的规模，且村民的生活得到空前的稳定，久而久之，慢慢地便对邻村有了一定的影响。后来便有王姓之人和方姓之人等相继迁居来此。而后，王姓和方姓在源心村也成了具有一定影响的姓氏，因为有婚姻纽带，便与邓姓之家结成非常亲近的血缘关系。

"王"姓来自毗邻的里王村，是十九世纪前后迁居源心村的，与源心邓姓之族结为儿女亲家。王姓定居源心的老祖宗是王姓"述"字行六十公，名叫会春。里王村原坐落在源心村南面，与源心村相隔只有不到两公里，是太原晋阳王的后裔。后来，王姓在此不断发展繁衍，久而久之也成了一大望族。

"方"姓来自建德市大慈岩镇的上吴方村。最早定居源心村的老祖宗是方进和方元，兄弟俩随母亲姓。方进和方元的母亲姓方，嫁给源心邓氏"道"字行第三三三公，为邓氏德昌公的继室，为德昌公生育二子，即长子方进、次子方元。后方进公出继给邓姓"道"字行第二五三公德标为嗣。此后方进生育四子，即怀海、来发、来可、小可。四兄弟都以"邓"为姓，以此在源心村安居发展，随后壮大家族。

德昌公次子方元，后娶妻方氏，生有一子，名怀松。因怀松的子孙后裔没有在邓姓的宗谱上记载，因此，很有可能是以"方"为姓。于是，便成了源心"方"姓的祖宗，而被记载到方姓的宗谱上去了。因而，其后裔也以"方"为姓，之后在源心村发扬光大，昌盛一门。

源心村的姓氏，除了以上介绍的，还有"项"姓之户、"叶"姓之户、"唐"姓之户以及"应"姓之户等，他们迁来本村的历史都比较短暂，有的居住在源心村只有短短数十年的时间，并且人数也不是很多，故这里暂不展开叙述。

源心村居民的居住格局相当有规律，邓姓之户居住在上、下源心和上高坪里。王姓之户大都居住在下新屋，也有少部分居住在下源心。方姓之户、叶姓之户以及应姓之户居住在下源心，项姓之户和唐姓之户居住在上源心。整个村庄的结构以标准的后天八卦为坐标系，呈小熊座、仙王座、仙后座对应御夫座的星系排列（见后第七章）。因此，上、下源心村的建筑便成了有规则的东西相对趋势，如下图所示：

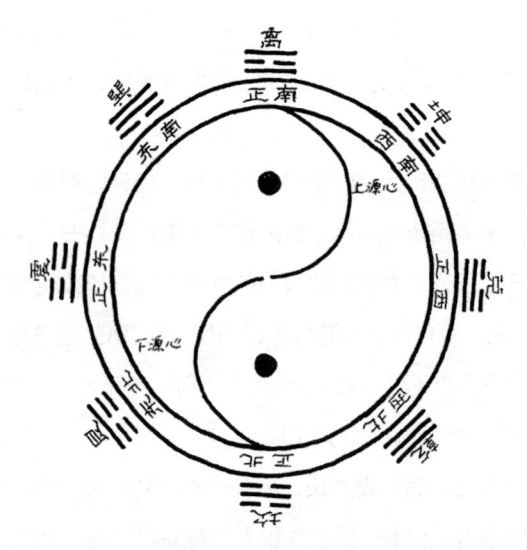

古源心村村庄构建布置对应参考图

话说源心村的历史，须从邓姓的历史开始叙述，因为邓姓是主姓，是最早定居在源心村的姓氏，在村里邓姓的历史比其他的姓氏要早得多。

邓姓之源，始发衍于建德的邓家村，而建德邓家村的邓姓最早发源于清溪盛五山下，始祖为伯元公。清溪邓姓衍自于五代时期的临安。而盛五的邓氏一源大约发扬光大于宋靖康时期。盛五邓氏发展的历史，始于一祖迈公，迈公字超远，身世不详。建德邓家邓氏衍自于九世祖仲四公。而源心的发衍则始于十五世祖良二公的时代。

据杭州建德邓家《邓氏宗谱》载，祖居建德马目清溪的邓氏先祖，最早始于十祖伯元公。建德邓家邓姓一门，自仲四公时代开始。而邓姓良二公等乃是从建德邓家迁居源心的邓氏先祖，是迁居源心村居住的始祖。

邓家之"邓"姓，上溯其祖源，曾出自南阳名望之族。最早的始祖为春秋先祖吾离侯，高祖为东汉云台大将军兼太傅高密侯邓禹。邓氏一门自始祖伯元公从临安迁居建德，已有上千年的历史。自祖上居住马目清溪开始，距今已有1100年之久。此后，有后裔迁居盛五时，乃宋靖康年间（注：指宋钦宗赵桓在位时候，时间在1125—1127年前后），距今约900年之久，迁居建德邓家之地的为九世祖仲四公，仲四公于元末元贞年间（注：元成宗时期，在位于1294—1297年间）定居邓家，距今也已有720余年，至源心之地定居的为十五世祖良二公，据邓氏宗谱载，距今也将历600年之久。

六个多世纪以来，源心邓姓先人在这一方宝地上逢山开路，遇水搭桥，开荒扩种，改田造地，拦水筑坝，防涝抗洪，辛勤耕耘，艰苦创业，经受了无数次寒冬酷暑的煎熬，战胜了重重自然灾害的困苦考验，靠着努力打拼，在大自然中不断地艰苦拼搏着，最后终于在此安家落户，繁衍生息，村庄规模不断扩大，人丁不断繁衍兴旺。

古源心村虽然是一座离都市较远的名不见经传的小山村，但却是能够直接影响周围村庄的中心地带。南北有里王村、邓家村，东西有考坞源村、十二曲村，它们全都以源心村为中心点。因为源心村的村民虽然世世代代都以农耕和林牧为生，但不少家庭却非常重视对子孙后代的文化教育，久而久之，因村庄中学习氛围浓厚，人才辈出，便成了书香之乡，因而影响了周围村庄。

又因源心村邓氏族人持家有方，不仅非常重视对子孙的文化教育，而且非常重视副业经营，使得家门显贵一方，致使后来有相邻之村里王村的王姓之人，于19世纪初前来村中入赘联姻，使王姓之人在村中得以繁衍，至今约有两百年之久。

此前，又有方姓之户前来定居，而方姓之人为何来此寄靠呢？据《邓氏宗谱》记载，源心村的方氏始祖婆本为杭州建德县上吴方村人氏。因方氏祖婆嫁到源心邓氏家族后，生有两个儿子，才使方姓之人在这里得以繁衍发展，至今也已有两百多年的历史。

因为有王姓之户和方姓之户的不断加入，源心村的村庄规模不断扩大，人口也不断地增多。最后村庄的规模逐渐发展成了上源心、下源心、上高棚、下新屋、荼湾里、老头脚、枫坞里等多处多地居住的格局，慢慢地便形成了影响一方的中心之源村。

村中另还有叶姓人氏、项姓人氏、唐姓人氏以及应姓人氏，原则上都为客姓模式，因人数较少，年代也不久远，故其源亦不难考。

叶姓来源简单，只两户，人口也不多，一系外来之人（原建德唐村新叶村人）先在村中帮工，而后入赘于村中之户；一系幼年随母（永昌镇下沈叶村）改嫁过来，后在村中发展之户。

项姓也为外来户，从姜山（考坞源白杨坪一带）迁来源心。原只有一户，"文革"后期，兄弟长大，各自成家立业，于是一分为二。项姓原为源心村负责看守山林财产的林户，故中华人民共和国成立后土改时落户在源心村，而且一直居住在古泥瓦背的山上，专为源心村负责看守山地森林财产等。

唐姓是二十世纪五六十年代一人从别村入赘源心后，与邓氏遗孀成婚发展起来的，因为人数不多，且年代也不久远，恕在此不多述。

应姓原在村里以打铁为生，后于二十世纪六十年代入赘邓姓之家，最后在源心定居。

一、历史之邓姓考

邓姓为中国古代百家姓中的一大成员，在中国姓氏文化的发衍中是较早登上华夏历史舞台的一个大姓氏，历史上因邓氏家族人才辈出，因而形成了一个具有较高地位和较大势力的大姓氏，故在百家姓之中排列比较靠前。邓姓在中国古代经典传统文化中常有被正面讴歌的，在中国四大名著中很多都以正面的人物形象出现，邓九公的行侠仗义、邓艾的智慧人生早已被人们演绎出美丽动人的故事，被人们歌颂着，可见它在中国历史上的影响力是比较大的。

据大中华族谱网载，邓氏之姓在我国属于人口比较多的大姓，在总人口的排列中，其数量算是比较庞大的一个，因而在大姓中排名也比较靠前，曾一度排在30位之前。当今世界上，邓姓的发展比较快，特别是在我国的四川省、湖南省以及广东省等地区发展得最快，影响力也最大。据官方在21世纪初期统计的数字显示：当今在全国总人口数量中，邓姓的人数占全国总人口的0.6%不到，为750万~800万人。

根据历史的发展演变轨迹来考证，邓姓人氏在人类的发展长河中，生命力也是比较强盛的。远的暂且不说，仅从宋以来的发展情况来看，其姓氏的发展就比较兴盛。不论是战乱迭起的恶劣环境，还是自然灾害的严重打击，都没有把邓氏祖先击垮击倒，他们在许多险象环生的恶劣逆境中，还能够顽强地不断繁衍和发展壮大着。到目前为止，我国的邓姓人口早已在神州大地上遍地开花，繁衍不息。

从现阶段邓姓人口的发展轨迹来看，生活在中原地区和东南部地区的人数可能会比较多，西北地区相对少一些，这应该与他们在长期的生活环境中努力奋斗的轨迹有关。目前，邓姓之人主要集中在广东省、四川省和湖南省这三个大省之中。据有关方面统计，仅仅在这三个省中，就生活着大约占全部邓姓人口一半的成员。另外，分布于湖北省、重庆市、福建省和江西省等地区的邓姓人口也不少，约占全部邓姓人口的四分之一。据可靠资料统计，广东省已经成为邓姓人口居住的第一大省，生活在这里的邓姓人口大约占全部邓姓人口的五分之一，总人口数在150万左右。

查考邓姓的由来，在古代的汉文字中，邓姓的"邓"字，实际上并不存在，因而也并没有特别的象征寓意。后来，出现邓姓的"邓"字以后，又主要用来表示国名、邑名，好像与姓氏并没有实际的关系。从古老的姓氏角度来看，在上古的金文中，"邓"字也并不是像我们今天所写的这个字。在金文中所采用的最早的"邓"字是个繁体字，没有"邑"部，只是一个"登"字，因而不算是一个完整的"邓"字。

但考证得知，在西周时代的甲骨文中，倒有一个字可能与邓姓有关，这个字是"登"，因为在那个时候，只有以"登"为姓的人，而没有以"邓"为姓氏的人。在今天看来，那个时代的人，可能是把"登"与"邓"拿来通用的。因为，在中国古文化中，汉字的通假是一种惯例，古汉语"六书"中用转注和假借来依声托字的方法是很普遍的。因此可以认定，早期的登姓之人，应该就是后来的邓姓之祖。照此看来，中国古代的姓氏文化是在不断的演变中发展出来的，有的从外族演变而来，有的从其他姓氏中分化而来，更有的从皇家的分封而来，类别多多。

而且，据大中华族谱网解释，汉族邓姓的发展历史是比较复杂的，不知经历了多少年的演变和改革，才逐渐形成了如今这个比较固定的姓氏文化。根据邓姓历史文化研究，发现上古邓姓历史的发展，主要是从三大来源演变而来的，即"古邓国"之源、"姒"姓之源和"子"姓之源。而这三个来源的发展也是一般史学界所公认的，其发展轨迹如下：

（1）第一个邓姓之来源，出于古邓国。根据史载，我国历史上最早的邓姓"古邓国"，早在公元前两三千年前就基本形成了，距今已有约五千年的历史。纵观中华姓氏文化历史，那时的邓姓已经形成了相对固定的邦国雏形。史载：在黄帝时代（黄帝轩辕氏的时代，即公元前2697—前2599年之间，距今已有4700多年），古邓国便已经存在，邓姓之人已经成了一个不小的群聚团体。这是历史记载比较早的一个证据。由此可以说明，邓姓在我国的起源发展确实是比较久远的，距今至少应该有4700年以上，或许更久。这也可以说明，上古时代邓姓的历史文化与中华上下五千年的姓氏文化基本是同步的，它是中国历史文化中不可缺少的一部分。

根据历史记载，黄帝部落于公元前2697年建立，距今已有约4700年之久。按理来说，这一段历史距今已经非常遥远了，但是后来根据考古学家研究得知，古邓国的历史比黄帝时代可能还要早得多，这个较黄帝时代还要早得多的初具规模的古邓国，差不多有5000年的历史了。如今，史学家认定，这个古邓国遗址，就坐落在今山东省的地界。最终，学术界一致认定，古邓国的最早遗址应该就在今山东菏泽的邓之墟一带，其距今已有5000年左右。

有资料显示，早期的古邓国不但是一个较有规模的邦国，而且已经是一个很有地位的诸侯国了。因为，那时古邓国已经有了国家的雏形，并且已经立有国君。据史载，古邓国的国君叫邓伯温，他才干超人，智慧非凡，对部落首领非常忠诚，因此获得了部落首领的信任，后来成了部落首领身边位高权重、身份尊贵、地位显赫的官员。可见，当时古邓国的地位在九州大地上已经相当令人引以为傲了。也可以断定，作为开启邓氏家族之宗的古邓姓之国，在当时已经具有相当大的规模了，因此人口也一定不少，至少有几万人之众，抑或是有几十万人口，地位已经相当显赫，被载入史册是理所当然的。

（2）第二个邓姓之来源，出自"姒"姓。从历史的角度考证，查找"姒"姓发展的由来得知，最早记载的"姒"姓之人为夏禹的后裔。《辞源》载，夏禹是夏后氏部落的领袖，史称大禹。他实际上是整个中国史前华夏诸族的共同领袖。历史上的"姒"姓家族，原为夏后氏的首领。夏禹是夏朝的开国国君。夏朝存在于公元前21世纪末至公元前17世纪初。历史佐证得知：夏禹于公元前2070年建立夏朝，距今已有4000多年的历史了。

而早在公元前2070年的时候，大禹首先在十分混沌的社会中站了出来，他勇立潮头，奋力拼搏，经过千辛万苦和南征北战，为华夏民族凝聚了力量，建立了中国历史上第一个世袭制的王朝——夏朝。

夏朝传位到仲康后，仲康曾封其庶出之子的属地为"邓"，这就是历史上最早形成的姒姓邓国。

那么，这个姒姓邓国到底是一个什么样的国家呢？它的疆域又在哪里呢？据考古学家考证，姒姓邓国原本是夏朝的一个部落。姒姓邓国的原址坐落在今河南省孟州西的古邓城。因其地处在黄河的北岸，史学上就把它称为"河北的邓"。从这里我们可以认识到，这个姒姓邓国虽然只是夏朝的一个小部落属国，但是历史却很悠久，距今也已经有4000多年了。由此说明，此河北的姒姓邓国在当时已具有一定的规模，人口肯定不会少，因为它毕竟是夏王朝属下的一个小属国，上万人口的规模肯定是有的。

历史发展到公元前1250年—公元前1192年的时候，这时，中国的历史已经走入了商王武丁的时代。这是商王朝比较中兴的一个时期，也是商王朝比较强盛的一个时期。这时，商王武丁野心勃勃，为了扩张疆界，征服四方，开始对夏王朝的所有属国和部落进行大举掠夺和征伐。于是，作为夏朝的属国姒姓邓国也成了被征伐的对象。当商王大举发兵进犯的时候，姒姓人因力量薄弱，独木难支，无力抵抗，想依靠夏王朝的势力作保障已是奢望，因为，此时的夏王朝已是"泥菩萨过江——自身难保"，在姒姓邓国与商王武丁的征战中，早已经没有能力来保护自己的属国了，最终致使姒姓邓国因国力薄弱、力不能及而告败。在不久之后，姒姓邓国就被武丁所灭。

姒姓邓国虽然败了，可是，火种没有熄灭。后来，在强大的商王面前，不肯屈服的姒姓邓国被迫向东南方大批迁徙，最后一直迁移到今河南省郾城东南一带。此后，便在这一方土地上建立了新的城邑。在此必须说明一下，这里的邓城，春秋时原本为蔡国之地，因坐落在黄河之南，史学上便把它称为"河南的邓"。据此，河南姒姓邓氏，距今最少也应该有3200年的历史了，可见中华邓姓的历史是比较源远流长的。

（3）第三个邓姓之来源，出自"子"姓。据考证，这一支"子"姓的邓姓姓氏最早出自商王朝，为商朝王族的裔孙。史载当年商王武丁在征伐姒姓邓国之时，遭到了姒姓邓国之人的强烈抵抗。但因时代的发展，新朝正如朝阳兴起，旧朝湮灭已成趋势，最终，姒姓邓国难以抵挡刚刚风生水起、势头强劲的商王朝而战败。后来，商王为了长期控制该地域，不让姒姓邓国之人复国，便特派叔父曼季公在此地坐镇，随之又封曼季公管理河北整个的邓国之地，并赐姓"曼"，封侯爵。于是，姒姓邓国便成了曼姓邓国，即子姓邓国。这个曼姓邓国，即为今河南省孟州西的古邓城之地，也就是河北的邓。后来周武王于公元前1046年灭商时，因战争频繁，诸侯连年混战，人们生活在颠沛流离之中，子姓邓国又遭到了战火的侵害，被迫南迁至湖北襄樊北的古邓塞一带，之后在湖北之地继续发展繁衍。

历史一直延伸到公元前678年，因社会不断变迁，子姓邓国遭到了楚国的大举入侵。这时的子姓邓国进入了邓祈侯所统领的时代，但因力量薄弱，人口不多，资源匮乏，邓祈侯被楚国打败，最终被楚文王剿灭，子姓邓国自此亡国。但是，坚韧不屈的祈侯子孙没有忘本，他们依然沿袭祖宗血脉，仍以"邓"姓为氏，继续顽强地在不断的颠沛流离中努力生活着。此后，祈侯子孙便开始一路北迁，直至漂流到今河南省邓州之地定居，而后在那里创下了一番宏图伟业。后来一直发展到西汉的时候，因氏族不断繁衍壮大，人口不断增多，且人才辈出，便形成了著名的南阳望族。因而，曼季公就成了邓氏族人公认的始祖。由此看来，子姓邓氏正是组成汉族邓姓人口的主要群体，其历史距今至少有3000年。

（4）邓氏还有一个发展的来源是外族的融入。根据大中华族谱网载：邓氏之姓人群的结构可能要比其他一般姓氏的人群结构复杂得多，据说其血统繁衍比较广阔，其血统有不少外族的融入。而外族的融入早在西周初的时候就已经开始了。

史载当周武王灭商时，召集了不少人马，在这些被召集的人马中，种族繁多，人员复杂，但很多时候因兵员不足，要到其他部落去召集，因此，便有许多外来的人马参与其中。当时武王麾下主攻商朝之邦邓国的，有一支人马为北狄族的隗(wěi)姓之人。这些来自外邦的人马，人员高大，兵强马壮，战斗力强。最后，竟打败了邓姓之国。后来，当这支隗姓之人占领商朝之邦邓国后，便因功入主了邓国。因与邓氏之人长期生活在一起，他们便受到中原邓氏优秀汉文化的熏陶，不但没有湮灭邓国文化，反而被邓国的汉文化逐渐同化，久而久之便演变成了另外的一支邓姓氏族。

按此，邓姓在中国历史过程中的发展，是比较有规律的，起源也较早，虽然有外族的融入，但毕竟是少数。整个血统相对还是比较纯正的，发展也是比较稳定的。

先秦以前，邓姓之人便有相当大的发展势头，生活的空间已经不断扩大，但主要还是集中在黄河中下游的河南省和湖北省的局部地区。

秦汉时期，邓姓之人发展加快，人口在繁衍中加速增多，开始发展到河南省以外的四川、陕西以及江苏等地界。尤其是在河南省，邓姓之族的发展最为强盛，人口也最为集中。因此，随着历史的不断发展，河南最后竟成了公认的邓姓之人发祥地。

汉朝以后，河南成了邓姓之人发展的中心之地，这时候，邓姓人口发展尤为迅速，氏族的发展进入了一个繁荣辉煌的历史时期。这个时期，邓姓人不断地进入社会的上层，逐渐登上了政治历史舞台，成为社会发展中举足轻重的有生力量。

据考证，河南南阳郡的邓姓开基始祖应为邓况。《后汉书》第四十四卷载："邓彪，字智伯，南阳新野人，太傅邓禹之同宗……"晋秘书监司马彪《续汉书》卷四有云："邓彪……其先楚人，邓况始居新野，子孙以农桑为业……"因此，我们能从《后汉书》和《续汉书》中看到，两者记载的是同一个信息，那就是东汉初期，南阳新野有不少邓姓之人在此生活，他们的祖先原为楚人。而首开此地的始祖应是邓况，邓况以后是邓彪，邓彪以后是邓禹。因此，邓彪是邓禹之宗，邓彪之先祖为邓况。据此，以前在这里的邓姓之人本居楚，是为楚人。

至汉朝中叶，南阳邓姓的发展到了鼎盛时期。太傅高密侯邓禹成了南阳邓姓中最重要的代表人物。后来，邓姓又衍生出了多个郡望支派，但很多邓姓后裔都认自己为邓禹之后，且他们之中人才辈出，文臣武将不少，对邓姓的发展起到了举足轻重的作用。

东汉时期是邓姓家族最辉煌的时期，据《后汉书》卷四十六云："邓氏自中兴后，累世宠贵，凡侯者二十九人，公二人，大将军以下十三人，中二千石十四人，列校二十二人，州牧、郡守四十八人，其余侍中、将、大夫、郎、谒者不可胜数，东京莫与为比。"

再后来，历史发展到宋朝时期，邓姓人口已扩展到了大约40万，约占当时全国总人口的0.5%，排在全国姓氏人口数量的第40位左右。

明朝时期，根据官方统计，邓姓人口大约有50万，约占全国总人口的0.5%，排在全国姓氏人口数量的第40位左右。

明清以后，邓姓人口进入了相对稳定的发展时期。

纵观邓姓各方面的发展历史，其发展的势头还是不错的。后来，邓姓的郡望演变得非常之多，而最主要的还是在南阳。其次，也有安定、高密等。而堂号除与郡望相同外，其他的主要还有南雄、平寿等。

近年来邓姓的发展非常迅速，据2013年国家公安部治安管理局公布的数据，邓姓人口数量在中国姓氏排名中竟上升到了第27位。

邓姓姓氏主要发源于今湖北襄阳团山镇的邓城一带，因那里现在有邓氏遗址为证，所以人们便认为这是邓姓发源之处。

关于邓姓的来源，任崇岳老师有独到的见解："邓姓源于邓国，是因国而得姓，邓国始受封于殷商时期，邓国立国之君是商朝高宗武丁的叔父，因封曼地而姓曼。"任崇岳老师的观点实际上是在说明一个事实，就是邓国原始封于商，始祖为曼季，遂以国为姓，以南阳为郡。

据任崇岳老师研究："浙江建德有邓姓人口4000左右，是在明代迁入的。"但对照邓家源心邓氏的发展，这一说法缺少证据，据建德邓家《邓氏宗谱》载："其居严之建德者，则自吾鼻祖元（伯元）公始，然里居犹仍清溪。"依此所见，建德邓家邓氏发源于宋代初期，先祖伯元公从临安始迁清溪严州之地，其年代要比明代早得多。不过，任老师所说的有可能为另外的邓氏支系，恕不在这里展开讨论。

纵观许多历史记载，考证邓姓来源，佐以河南新野邓姓望郡的发展史，再结合建德邓家《邓氏宗谱》一脉相考证，可以得出结论：邓家源心村之邓氏高祖原本出于"子"姓，应为商朝王族之裔孙。可以肯定，这是衍自商武王叔曼季的一脉。从公元前1046年周灭商的历史事实考证，到公元前678年楚灭邓的历史考证，再从春秋吾离侯到东汉南阳郡望族的发展史，直至太傅高密侯的历史来看，都能够支持这一论据。当然，这只是笔者的一家之言，还望吾邓氏族人有更多的研究和发现，以更多的证据来佐证邓家邓姓之族之祖之史，免得在下错谬诳言误人，使邓姓历史失却光辉。

综上所述，邓姓历史于史书虽多有记载，但只能作为参考。因历史久远，今邓家源心始祖之一脉究竟是出自"姒"姓，还是"子"姓，抑或是古邓国之"曼"姓，至今日也难以定论，只能凭借前谱的点滴去寻求踪影。但对整个邓姓的发展来说，源流应该还是清晰的，可见得：

清溪邓姓子书来，上自商王族谱开。

吾离封殷基业定，司徒拜汉登将台。
松筠雅操流千古，铁石深衷百世瑰。
郡望南阳青史记，曼侯一脉万年培。

二、历史之王姓考

王姓在中国历史上是一个特别庞大的群体。王姓在百家姓中的分量也是重量级的，它在中国姓氏文化中担当着主要的角色，在中国的姓氏文化中具有举足轻重的历史地位。纵观中华上下五千年的文明发展历史，王姓姓氏的起源在历史的长河中要比其他的姓氏风光得多。因为王姓之人在历朝历代中都人才辈出，尤其是封王封将的侯王特别多，在建立华夏民族、保卫华夏民族的历史中功高至伟。正因如此，便形成了我国汉文化当中一个相当突出的姓氏。王姓在中国历代"百家姓"的排列中也比较靠前。如果全面剖析王姓姓氏文化，会显得比较烦琐，因为它的结构非常庞大，不是三言两语能够理得清的，本书只能从通俗的方面去作一个大概的梳理。

王姓的发展在中国上下五千年的历史中一直都是比较强盛的，那么，它的发源地是哪里？先祖是谁？它又是如何发展起来的呢？据说，王姓始祖名"姬"，为黄帝的后裔，是出自帝王家的一个名号，因而历来便有王姓主要来自皇家"姬"姓的说法。

根据大中华族谱网载，王姓在我国为位列前三的姓氏之一，当前全国的王姓总人口达1亿左右，是一个特别庞大的姓氏群体。王姓的发展历史也比较悠久，很早就形成了独特的姓氏文化和族群文化。早在春秋战国时期，王姓便有了很大规模的族群，分布在各地的成员成千上万，为社会的发展进步做出了重要的贡献。自秦始皇统一六国后,便不断有王姓之人登上中国的历史舞台,至汉朝以后,王姓族群更是发展迅速,人员几乎遍居天下。

历史记载,在汉代初期,王姓之人便已经有了二十多个名门望族。其中最有影响力的有"琅琊王氏""太原王氏""三槐王氏""东海王氏""北海王氏""京兆王氏"等。由此可以看出,王姓的发展是相当了不起的,也自然就成为中华民族大家庭中姓氏文化最有影响力和最具渊源的姓氏之一。千百年来,王氏家族在各个朝代的历史舞台上纷纷亮相,且靓丽纷呈,风光无限,以至王侯将相辈出,家族人丁兴旺。

在历史上,王姓的发展势头之所以会那么强劲,发展速度也比其他姓氏快,应该说与王姓祖先超然的智慧和勤劳努力、开拓进取的精神是分不开的。从整个姓氏文化发展的历史来看,它并不是从单一的家族姓氏发展起来的,也有许多的机遇和机会掺杂在里面。实际上,王姓快速发展和不断壮大的原因主要有以下几个方面:有些以战功显赫被皇族赐姓,有些以婚姻联结与王氏攀亲,有些以外姓外族外邦入居后前来投靠等,名目繁多,最终使它从多元化的姓氏文化中发展起来。今天,我们从王姓发展的历史演变过程可以明显看出,被史学界公认的王姓姓氏的来源主要有四个方面,即从"子"姓、"姬"姓、"妫(guī)"姓发展而来和外族的融入。下面我们一一展开分析。

(1)王姓的第一种来源——"子"姓。

在上古时期,王姓的发展有许多不同的版本,发展的来源也各不相同。但有一点可以肯定,它在华夏姓氏文化的发展史册上是具有丰碑式意义的。它的形成比较早,有很多专家学者认为,王姓出自"子"姓。因为,在王姓的历史上有"子"姓一说，王姓最早形成姓氏，成为一族，可能成型或脱胎于君王世族，至少应该与王室有一定的关系。

史书有记，早在商朝末年，"子"姓便已经成为王姓家族的主要姓氏。据历史记载，这应该是从纣王的叔父比干（比干：子姓，沬邑人，乃商王文丁的次子、帝乙的弟弟、帝辛的叔叔，是一位仁心至爱、爱民亲民的贤者，他法六艺、通三才，是个名齐日月、量合乾坤的圣者。他的事迹被后世称颂，流传很广，当时与箕子、微子一起被称为"商末三贤"）而出的。当年，因商纣王（帝辛，子姓，名受，世称殷纣王，约公元前1105—公元前1046年，商朝最后一位君主，帝乙少子）荒淫无道，比干多次为民请命，犯颜强谏，结果遭到了商纣王的强烈不满，他对商纣王的苦心忠谏非但未成，反而遭到残酷的杀害。结果，比干的后裔也因此受到了牵连和迫害。为了逃脱无辜的追杀和剿灭，比干的许多子孙便纷纷改掉"子"姓逃离王室家族。因为他们自认为出在帝王之家，原本是君王家的后裔，于是有不少人遂改"子"姓为"王"姓，以便隐居人间，免受其害。嗣后，据说比干的后裔渐渐地以"王"为姓氏居多。

考证历史，比干遭商纣王残杀一事，是确实存在的，它不是《封神榜》中的神话传说的故事。他的后裔成为"子"姓王氏后，其发展至今大约已有3000年之久。后来他们不断迁徙，越过千山万水，经历千百年的努力，主要集中居住在中原的河南地区，随着人口的不断增长和家族的不断兴盛，便逐渐形成了著名的汲郡王姓望族，然后又不断地快速向其他地区繁衍壮大，直至在陕甘之地、齐鲁之域以及河北省和山西省等地不断昌盛。

（2）王姓的第二种来源——"姬"姓。

商朝末期，新兴的周王朝势力迅速崛起，经东征西讨和南征北战，逐渐平定了四周。商王朝为了平定九州，统一整个王权，真正做到一统华夏，成为天下霸主，便向周边那些不肯臣服的部落属国继续发动战争。在争夺统治权、掌握一统华夏军政大权的同时，周王朝武王也向殷商的不少属国发起了全面的铁血镇压。

公元前1046年，周武王姬发[？—公元前1043年，周文王姬昌的嫡次子，岐周（今陕西岐山）人]统率兵车300乘、虎贲3000人、甲士50000人，联合各路反商的军事力量，直捣商朝的朝歌，向商王朝发动了战争。此战在史书上被称为"牧野之战"，是当时中国历史上有记载以来的最大一场决战。结果，这一战商王朝因朝纲腐败，人心尽失，许多守卫朝歌的军队反水，放弃了抵抗，使武王的军队长驱直入，一战而大破商军。被周武王军队大破后的商王朝，走向腐朽没落，本来就摇摇欲坠，弱不禁风，受到如此致命的打击后，不久就灭亡了。于是，周朝兴起，朝臣更替，王族变更。

周武王灭掉商后，定都镐京（今陕西西安），史称"西周"。在中国历史上，西周是继夏、商以后第三个相对统一的王朝，起止时间为公元前1046—公元前771年。在西周建立之时，有不少"姬"姓之人参与支持和协助武王打天下，后来因功被皇家所封，成了真正名义上的王姓之人。

公元前771年以后，西周覆灭，东周兴起，王姓之氏发展更为迅速。到公元前551年，周武王二十一世孙周灵王（姬姓，名泄心，周简王之子，东周第十一代君主，公元前571—公元前545年在位）迁都至成周（今河南洛阳）。周灵王在位时，心性淫乱，朝纲不正，君王失德，滥杀无辜，《王氏宗谱》说他是"荒怠政事，山崩雍川，结怨河内，民不堪命"的失德之王，致使百姓苦不堪言，民间哀声四起。

后来，周灵王之子太子晋（又称王子晋或王子乔，也称王乔，约公元前565—公元前549年）见父王失德，朝纲不正，社会动乱，民不聊生，便十分不满。王子晋是一位忠良仁善的志士，爱民如子，清正忠良，立志要学先祖比干做一个忠臣。因见父王和朝廷失德，他几度舍命挺身直谏，结果触怒了王权，最后被贬为庶民，逐出皇城。但是，晋之子宗敬（有的王氏宗谱记为元镜）聪明贤惠，心性善良，因周灵王的怜悯，没有被罢免，仍有幸留在朝中任司徒之职。时人见其是出自王室之人，便称其后裔为"王家"。自此，这一支姬家族人，便以"王"字为姓氏，其后裔世代便成了"王"姓之人。后来，直至宗敬第八代子孙王错拜魏国大夫时，其族人才又逐渐显贵起来。

王姓的发展还有一个特点，即多以封爵为氏。大概因为这个姓氏比较风光，或是比较荣耀，连后代许多王朝的天子后裔也喜欢以此为姓。因此有不少王姓之家实际上是经皇家认定，受皇家的恩荣封赐而来的。不管王姓的发展经历了多少变故，在所有的王姓家族之中，没有一个能够超过姬姓王氏家族的影响力，应该说在中国王姓家族的历史中，有百分之八九十的人都出自姬姓王氏，以源自周文王姬姓子孙的这一支王姓家族最为壮大。

先秦以前，太子晋的这支王姓家族在河南洛阳一带发展特别昌盛，人数的发展也特别快，以至发展出不少分支。随着历史的不断变迁，到了秦末汉初时期，有一支特别的王姓后裔显露了出来，他们是秦朝武成侯王离之子王元和王威的家族。当时，烽烟四起，天下大乱，诸侯混战，九野不宁。为避战乱，王氏两兄弟分别举族人迁徙至山东琅琊和山西太原两地居住，此后发展迅速，最终成为天下著名的"琅琊郡"和"太原郡"这两大王姓望族。这两支姬姓王氏的后裔望族，距今最少也有2600年的历史了。

另外，传说姬姓王氏的发展还有三个主要的分支。

其一，可能是从周武王之弟毕公高封于毕国而衍生出的一支姬姓王氏。毕公高有一位裔孙名叫毕万，是春秋时期晋国的大夫，他为朝廷尽心尽力，建立了功勋，故受封于魏之地。后来魏国出了位非常了不起的人物，就是信陵君魏无忌。信陵君是春秋战国时的"四君子"之一，在信陵君时代，魏国有过一段时期的辉煌。

后来，秦国灭了魏国后，信陵君有一个子孙名叫魏卑子，竟举家一路逃到了东鲁泰山一带隐居。汉朝时魏卑子因德才兼备，被朝廷重用，奉诏进京做官，因功高被封于兰陵郡。故其族之人便弃去"姬"姓，改以"王"姓为氏。据此，这支姬姓王氏距今已有2000多年的历史了。

其二，史学上还有一种解释称王姓源于春秋初，出自周平王之后，后来成了姬姓王氏。唐朝时，这支姬姓王氏的后裔生活在山西临猗一带，历史上便称他们为河东"猗氏王姓"。据此，这支姬姓王氏的发源，距今应有2700多年的历史了。

其三，历史上还有一种说法，称王姓又为东周考王之胞弟桓公揭之后。证据是，当时的桓公揭被封为周公，其封地古址坐落在今河南洛阳西一带，故称为西周桓公，西周公国由此开国。等到西周公国灭亡后，桓公揭一脉子孙大多迁徙到河南伊川一带生活。因为有居住在王城的经历，其族人子孙便纷纷以王姓为氏，后来慢慢地便被人们称为"王城王氏"。按此来看，这支王氏的发展起源，距今已约有2400年之久。

综上所述，结合王姓发展的历史，再从史书记载的内容来看，我国中原以及江南等地区的王姓，出自"姬"姓的最多。据统计，如今全国王姓总人口中大约有90%出自"姬"姓这一分支。因此可以说，当今的王姓人口很大一部分都是从姬姓王氏中发展而来的。

（3）王姓的第三种来源——"妫"姓。

这也是史学上公认的又一种说法。关于这一支源于"妫"姓的王氏，最早，他们是奉虞舜（上古时期的帝王，是我国上古时代的五帝之一）为祖先的，大多居住在齐国的地界。后来"妫姓王氏"也成了中华民族王姓中的一个重要分支。据史载，这支王姓先前姓"妫"，并不姓"王"。武王灭商后，虞舜的后代妫满被封于陈，至陈完在齐国任官后，改为田氏。到了战国时期，因连年动荡，战火不断，妫姓人氏居住的齐国被秦国所灭，族群面临灭顶之灾。无奈，作为齐王田建之后的妫姓人便纷纷逃离齐地投奔了楚国。当时，西楚霸王项羽接纳了他们，并封田建的长孙田安为北齐王。但不幸的是，楚汉相争后项羽反被刘邦所灭，这一变故，致使田安族人再一次失去了依靠，造成了田安不但王位不保，而且遭到乱臣诛杀的悲惨局面。田建死后，其后裔便四处亡命天涯，分散隐居各地。为防止被汉高祖追杀，避免遭受刘氏政权屠族，田氏子孙便将其田姓改为王姓。后来，这支王姓就主要以北海和青州为郡望，他们的大部分后裔还一直生活在东鲁原齐国的土地上，其历史距今大约有2300年之久。

（4）王姓的第四个来源是外族的介入。

王姓人群非常庞大，支派繁多，除了从"子"姓、"姬"姓、"妫"姓等著名郡望发展出来的，还有不少是从其他外族介入进来的。很多外族人群能够进到王姓氏族来，有的是因为王家的封赐，有的是因为血统的融入，还有的是因其他民族的加入，这也使王姓家族在中华大地上不但兴旺壮大，而且发展很快，人口也快速增多。

王姓的发展如果从外来介入的角度来研究的话，以下几个方面的发展轨迹是值得了解的。

早在汉代时期，有许多匈奴人和西羌钳耳氏族入主中原，这些人中有不少因功被封赏，特赐为"王"姓，于是，他们便开始渐渐地融入了中原的文化和生活，久而久之，有许多人就以"王"姓自居，也有的与王姓之家建立了关系，成了真正的王姓家族之人。

南北朝时期，高丽拓王氏族等民族，是华夏民族的附属国，他们很多人来到中原，通过参与各种政治、经济、文化、宗教等活动，得到皇家的认定，成了王姓之族。还有的通过联姻等形式，与王姓家族建立了血统上的联系，最终成了王姓一员。

隋唐时期，西域月氏国胡人、回纥人、契丹人等，仰慕大唐盛世的中原文化，纷纷前往大唐交流，不少人作为友谊大使被皇家接受，受到封赏成为王姓之人而定居中原，此外他们中还有很多人与王姓攀亲，与王姓之人联姻，这个时期通过联姻走进王姓家族的外族人便不断增多。

甚至金时的女真族等，也不断地有人加入王姓的家族里来。随着历史的发展，如今他们的血统已经融入王姓的各个家族中，成了王姓大家族中不可分割的一部分。

总之，无论如何，王姓姓氏的发展和壮大是有一定历史规律的，沿袭这几条主线，我们就能够基本掌握王姓的发展轨迹。

另外，据2007年国家公安部治安管理局对全国户籍人口统计分析，在我国百家姓的最新排名中，王姓、李姓和张姓位列前三，三大姓的人口总数达到了2.7亿，接近了美国的总人口数。王姓人口为9300多万，占全国总人口的7.0%左右，如果加上全球所有海外王姓子孙，总人口将突破1亿。从这些数据来看，王姓当为中华民族的第一大姓。

在中国历史上，从宋初开始，民间许多家谱都是按照欧阳修（1007—1072）和苏洵（1009—1066）创立的"欧苏体例"编修的，王姓家谱亦然。以至后来绝大多数王氏家谱都奉周灵王太子晋为祖，尊太子晋为王氏开宗立姓的始祖。从太子晋至琅琊王始祖王元世系的演变，其过程大致如下：

1世晋（太子）—2世宗敬（太原祖）—3世岳起、岳庆—4世靖康—5世肃、严—6世绩—7世育、徽音—8世尚德—9世弼—10世景—11世错—12世贲—13世渝—14世息—15世恢、慎—16世元（元）—17世颐、陵—18世蕚—19世贲、戊、勇、刚、毅、飞—20世离—21世元（琅琊王始祖）、威（太原王始祖）……

可见，王姓的历史，处处风光无限。而源心一脉王姓之来源，根据《王氏宗谱》记载，也有确切的依据证明是出自东周，源自"姬"姓，衍自晋王，发源于太原王世祖一族，如诗曰：

王姓世族姬宗来，祖地并州槐树栽。
两海琅琊为大姓，晋阳故居独门开。
源为洛阳牡丹下，秦王汉武点将来。
本自皇家渊源长，花开遍地动惊雷。

三、历史之方姓考

据有关资料显示，方姓在华夏姓氏文化的发展中，历史也是比较悠久的，不过它的族群没有王姓那么庞大，人口的数量也没有邓姓那么多，在当今中国姓氏人口排名中排在第60位左右。目前，全国方姓姓氏总人口大约有 500 万，约占我国总人口的 0.35%，加上海外的方姓人口，总数应该超过 550 万，但也不足全国人口的 0.4%。

史学界对于方姓起源的说法有相对统一的口径，它的来源没有王姓和邓姓那么复杂，血统也比较纯正。其发展史被认定的说法只有两种，即"出自炎帝说"和"出自姬姓说"，其历史演变也大多以这两种说法为蓝本。

认同方姓出自炎帝之说的学者大都认为，方氏之姓出自炎帝，方姓之人为炎帝的后代。传说炎帝的第十一世孙名叫雷，是作战非常勇猛的大英雄，因帮助黄帝南征北战，东征西讨，平定天下，战功赫赫，特别在讨伐蚩尤的战争中身先士卒，劳苦功高，因而被封于方山（今河南省禹州市），称方雷氏。于是乎，其后代就以山为姓，以方姓为氏。

关于方姓出自姬姓之说，据史载，早在周宣王时代，有一位大夫叫姬方叔，他智勇过人，奉周宣王之命南征，平定了荆蛮的叛乱，为此，周宣王封姬方叔于洛（今河南洛阳）。在姬方叔的后裔子孙中有以先祖名字为姓氏者，称方氏，世代相传至今，史称方氏正宗。

方氏的发源地位于河南一带，《歙淳方氏柳山真应庙会宗统谱》载："歙之方，自河南之固始，无别出也。江南、闽广之方，俱自歙之东乡，无别出也。歙之东乡，即今淳安也。方之在徽歙者，皆出淳安，谱牒甚明。"由此说明，方氏发源于河南，并且这是唯一的发源地。后来生活在江南歙县一带的方姓之人，是从河南固始衍生出来的。而此后生活在福建、广东一带的方姓之人，又是从淳安一脉衍生出来的。且今日安徽歙县一带的方姓，也皆出自淳安之地，这些谱牒中都有明确记载。另据历史记载，北宋时期，在安徽宣城一带也有一支方姓族裔发展起来。

实际上，最早的方姓除了出自河南，没有其他证据说明还有支系旁出。

现今，全国各地的方姓之人大都是由河南迁出的。西汉时，丹阳（今河南淅川境内）县令方纮因惧王莽篡权，为避乱，举家从河南之地迁居至安徽歙县东乡一带（今浙江淳安境内）居住，后裔分散居住在徽、严两州之地，方纮也成为所有江南方氏之人的共祖。其后，方纮之裔孙繁衍于江浙以及江西、福建、安徽等地，以至后来发展到大半个江南。

汉唐时期，特别是皖、浙两地，方姓不断崛起，发展迅速，成为名望大族，后跻身为徽州八大姓之一，且名人辈出，封侯封伯者不在少数。

据唐代历史记载，河南人方子重随陈政、陈元光父子迁至福建，其后代有不少人居住在云霄县（今福建漳州地区）。方氏在此发展迅速，人口不断增多，使得云霄县获有"方半县"之称。现如今，在我国台湾地区也生活着不少方姓之人。据史载，他们的祖先也是来自云霄之地。晚唐时候，古歙人方廷范在长乐（今福建福州境内）出仕为官，后择居莆田（今福建省境内）之地，其子孙后代在此不断发展壮大。

宋宁宗时期，方姓开始逐渐向南迁徙，从今河南省地界不断迁向福建福州一带，随后又扩展到漳州、龙溪地域，再后来又有不少人迁往了中国台湾地区。

明清以后，方姓在安徽桐城一带也发展得特别快，逐渐成为当地的名门望族。

方氏的郡望堂号主要有河南堂、六桂堂、伦叙堂、榴耕堂、聚乐堂、永思堂等。

方氏的历史也是比较风光的，据记载，《方氏宗谱》面世很早，早在西晋太康五年（284）就已经被朝廷承诏定谱。而另一本《方氏血脉谱》在东晋咸康二年（336）就被御批为"名家盛典"，并敕谕方氏子孙，"世代藏传,永久勿失"。如此风光,实在值得方姓之族骄傲。

方姓之历史,如诗曰:

> 方姓本自名人出,上古源从嫘祖胎。
> 裔自方雷开九宇,衍行姬氏徽歙台。
> 黄帝平寇战蚩尤,方叔挥戈动惊雷。
> 一出河南转淳安,江南处处昙花开。

第二章　源心姓氏考证

前文说过，源心村原是芝堰水库上游的一个自然行政村，建村历史悠久，全村总人口为500多人，近110户。当年因兰溪市最大的水利枢纽——芝堰水库工程的建设需要，全村被迫向水库坝外游埠区的孟湖、钱村以及永昌区的永昌、汪高、登胜等乡镇迁移。如今原村庄的所有建筑已经全部被拆除，古老的村址也早已被水库的库水所淹没。因此，许多村中的历史文化已不复存在，许多村庄逸事也渐渐被人们遗忘。

源心村原居民的姓氏不多，结构也并不复杂，自1984年芝堰水库工程建设蓄水开始，全村向库区外迁移时，整个村庄中的住户也只有几个姓氏，即邓、王、方、叶、项、唐这六个主姓，另有一姓"应"的村民挂靠在邓氏岳父家，还有一位姓"曹"的知青，户口不在村里，只在村里暂住。而在这六个姓氏当中，主要的姓氏只有三个，即"邓"姓、"王"姓和"方"姓。仅这三个姓氏的人口就占全村总人口的95%以上。据《邓氏宗谱》记载，和王姓、方姓相比，邓姓定居在源心的历史要早得多，因而人数也比王姓和方姓以及其他姓氏多得多，邓姓在源心村便成了第一大姓。

源心"邓"姓的氏族，其先人最早定居在严州府（今杭州建德市）。

他们原是从毗邻的杭州建德市邓家村分衍而来的，距今已有六个多世纪。因此可以证明，源心村的始祖原本为邓家，与邓家邓姓同为本家。

据史料记载，源心村邓姓之始祖，早在明朝良二公时代就从建德（严州）邓家村迁居来此地居住了。良二公，何许人也？据《邓氏宗谱》记载："良二公，正三公长子，名发，字世高。于永乐乙酉年九月廿九日生，成化丁未正月十五卒（明代永乐乙酉—成化丁未，即1405—1487年）。子：思明、思诚，死后安葬在源心竹坪岭（竹坪岭即竹坪山，为源心邓氏最早的安葬先人遗骸之处，现有重修的祖坟）。"

根据史书考证，良二公出生在明成祖永乐时代（明成祖朱棣，1402—1424年在位），卒于宪宗成化年间（明宪宗朱见深，1464—1487年在位）。他一生中经历了明代永乐（朱棣）、洪熙（朱高炽）、宣德（朱瞻基）、正统（朱祁镇）、景泰（朱祁钰）、天顺（朱祁镇）、成化（朱见深）七个王朝。

邓家《邓氏宗谱》中这样评价良二公："公处善循理，勤业成家，好习诗书，乐周贫乏。扶危济困，克昌有德，常出银币，救助路人。心系天下，巨款赈灾，奉天诰敕，恩纶世德。"这是对良二公一生的真实写照，从这颇高的评价足见他不但是个乐善好施、助人为乐、扶贫济困、高风亮节之辈，而且是个勤俭持家，又好习诗书的有知识有文化的哲人。可见，从良二公时代，就有邓姓之人定居于源心村了，如果按良二公定居源心村生活的时代开始算起，至今已有600余年。

而"王"姓之户，是后来从邻村里王村迁来源心村居住的。最早迁来源心村居住的王姓始祖，是一位名叫王会春的人。这位会春公从邻村里王村前来源心村入赘邓姓家庭，他与源心村的邓氏女子结婚后，生儿育女，勤俭持家，使王姓在源心村不断发展壮大。

至于"方"姓，是从建德上吴方村寄靠过来的，是方姓太祖婆嫁到源心村后发展繁衍起来的。方姓最早定居源心村的始祖是方进和方元两兄弟，当时方氏兄弟随母寄靠在邓姓"道"字行第三三三公邓德昌家，后方进公过继给"道"字行第二五三公德标为嗣，其后裔便成了"邓"姓之人。而方元公承继原父家之姓，其后裔仍为"方"姓之人。

另外，"叶"姓、"项"姓和"唐"姓这三个姓的人数都不是很多，其历史也不是很长，"应"姓之户也只一家，容待后面慢慢解释。这里暂且把邓姓、王姓和方姓来作一个粗略的概括，以便与诸位一同探讨。

一、源心邓姓发展之历史

据邓家《邓氏宗谱》记载，源心村历史悠久，建村已经有 600 余年。经查谱考证得知早在"良"字辈时代就有良二公等率家人定居于此（邓家《邓氏宗谱》所列之古代宗行辈分，分别有治、平、际、宋、百、千、万、仲、隆、茂、宇、正、良、宣、宁、盛等）。而良二公（1405—1487）正是"良"字辈源心人的始祖，他在世 83 年，是一位德高望重、知识渊博，具有非凡才能和智慧的学者。正是因为他有着高风亮节和懿德风范，《邓氏宗谱》才褒扬其"处善循理……好习诗书，乐周贫乏……恩纶世德"。

《邓氏宗谱》载良二公死后安葬在源心竹坪山上，现有古墓遗址，即坐落在竹坪山的"梅花祖坟"。此梅花祖坟建筑考究，级别颇高，墓穴占地空间很大，建造墓穴的每一块砖都比普通的砖块要大好几倍，并且在砖块的正面都烙上了梅花印记。墓的主人在当时能享受"梅花坟"的待遇，一定有不简单的身份：或是在朝中有一定的地位，或是经皇家认定，对国家有一定的贡献，或者是子孙后裔中有人在朝廷为官，地位显赫受到皇家的敕封。梅花祖坟的建造证明了邓姓家族当时之风光，并且与皇家也或多或少有着关系。

《邓氏宗谱》载："明成化年间，河南饥馑，饿殍盈途，世高公（良二公）欣然出粟五百石，与弟世良公（良四公）同济民饥……后朝廷嘉其义，诏立牌坊旌字'承恩'嘉奖。"

"世良公（良四公）奉宪宗纯皇帝赐敕，奖谕授七品散官，同诏立牌坊旌字'承恩'表彰。"

以上这两处文字记载可以证明，邓氏先人当时对国家的确是有一定的贡献，并且也受到了朝廷的嘉奖。

这座邓姓家族的"梅花祖坟"经历了500多年的风霜侵袭，一直到中华人民共和国成立后仍保持完好。本来这座饱经沧桑的古老坟茔，有着邓氏家族许多历史发展的逸事可说，它不但见证了邓氏家族辉煌的发展史，也可以让人借此窥探当时社会的发展。遗憾的是，在"文化大革命"中，"梅花祖坟"不幸被拆毁，令整个邓氏家族痛心疾首，至今想来，依然令人唏嘘不已。由此也可证明，当时的邓氏家族实为一大望族。

据《邓氏宗谱》记载，邓家和源心村的始高祖伯元公迁居建德严州马目，若干年后，在建德盛五山下兴盛起了一支后裔，这支邓氏族人的始祖为十公，名迈，字超远。后来，十公的族人不断繁衍兴盛，这就是邓家村一族的发展由来。而邓家村一脉自仲四公（万五公次子，生子隆三公）时开始发扬光大，再后来邓氏宗谱自隆三公时代首开。

根据建德邓家《邓氏宗谱》记载，五代十国时的"五季之乱"前期，邓氏高祖伯元公，原在杭州府（西府）出仕。因当时天下大乱，战争频繁，神州大地烽烟不断，社会动荡，局势不宁，民不聊生，伯元公看到民众饱受战争祸害，生活在水深火热之中，于心不忍。他欲拯救天下苍生，还民众一个太平世界，可又无法以一己之力改变局势拯救民众脱离苦海，真是有心拯黎庶，无力挽苍天。伯元公痛苦万分，于是决意辞官。

为避兵乱，寻得一片安静之处，伯元公先携侨居临安的遗裔家小外迁出都城。后来便沿钱塘江源头向上迁徙，直至建德严州马目一带。伯元公见此地山青林密，江清水秀，既远离战争，又没有屠杀，有的是宁静和安逸，便认定这是个非常理想的适合清修的宜居之地，于是就率家小落户定居于此地。这便是"邓氏清溪南阳郡"之来历。

据历史纪年推算，先祖伯元公生活所处的时代，距今已有1100多年的历史。当时正值五代十国时期，历史上五代十国时期的十国大都位于南方地区。十国（前蜀、南吴、闽、楚、南汉、南平、后蜀、南唐、北汉、吴越）之一的吴越国（即西府/杭州）始于公元907年，没落于公元978年。吴越国国王钱镠生于公元852年，亡于公元932年。那个时候，北宋王朝还没有建立，到了公元十世纪的960年，北宋逐渐兴起后，"五季之乱"基本结束。伯元公仕浙时正是"五季之乱"时期，大概就是与吴越王钱镠同一朝出仕之时（钱镠在位于公元907—932年），距今至少已有1100年。

而邓姓之人在邓家居住的历史，比伯元公迁居清溪的时代大约要晚三个多世纪。因《邓氏宗谱》记载首居邓家的先祖为仲四公。仲四公为何许人也？现在要查证仲四公的历史比较困难，因为古人没有确切的文字记录仲四公详细的生平轨迹和生卒年月，连《邓氏宗谱》中也没有明确记载，只在宗谱卷四查到"祖仲四公妣叶氏同穴于后山狮子桥头墓图"能证明其身世。所以，我们无法考证其生平确切的年代和时间，这段历史只能参考隆三公的时代来倒推印证，用隆三公的历史来对邓氏家族的发展作一个反向推论，以便大致考证出仲四公生平的具体时间。

《邓氏宗谱》有载：按谱出，隆三公，名钟畴，生卒年不详，仲四公之子，曾官拜余杭县尉，子镛、鑑（茂八公）、钟（茂十一公）、锣（茂十二公），卒后葬甘岭姚坞。《邓氏宗谱》中又载：隆三公长子镛，字永声，于洪武初年被贼人害于新岭之巅。又有史记载隆三公第五代玄孙良二公（世高）出生在1405年。从这两者依次推算，隆三公大约出生在十四世纪末，距今约有七个世纪，那么，仲四公距今至少应该有七个半世纪了。

大明万历丙辰年（即明万历四十四年）赐进士出身大中大夫邓美政（字少溟、尚德，《邓氏宗谱》载为瑞六七公），曾为当时的邓姓家人修辑《邓氏宗谱》写过一修谱序。谱序上推年代久远，依此序考证时间可以得知，美政公写谱序是在明万历四十四年，即1616年，距今已有400多年之久，再从他谱序的时间向前推算，足可以证明今邓家之邓氏祖先早在700多年前就从岸口西村迁来邓家之地定居了。

而明万历辛亥年（即明万历三十九年，1611年），赐进士出身通议大夫、南京太常寺卿徐用检（号鲁源，兰溪人）也为《邓氏宗谱》写序，徐大夫持有与少溟公（美政）相同的观点，徐大夫与美政公生活在同一时代，他所写的谱序，同样具有权威性，因此，可以清楚地证明邓家邓姓先祖的发展历史。据此推断，徐用检考证的邓姓居住邓家时间和美政公考证的时间大体是相符的。

南京太常寺相当于宗人府，在明代时属于礼仪机关，主要负责皇家的祭祀和礼乐之事，凡是朝中册立、册封、冠婚、征讨等一概事，都必须由该机关主持实施礼仪,才能具有权威性,这是一个真实记录皇家历史的机构。可见,鲁源徐用检大夫所写的序和美政公所写的序,两者所表述的年代都是比较有说服力的。

此外,明万历丁巳(明万历四十五年,1617年)之春正月,赐进士第承直郎工部屯田清吏司主事制侍生萧颜,与美政公等生活在同一时代,此公也曾为《邓氏宗谱》作过一序,也提及了邓家始祖仲四公开始迁到邓家定居的历史,证明了仲四公始居邓家的年代距今已有700多年。

对照宗谱,考证邓姓居住邓家的历史到底有多少年,要弄清楚这个问题,我们不妨再借助宗谱记录的几个细节来仔细分析,以便能够更客观、更清晰地了解这段历史,敦促后辈铭记家世,不忘初心,不忘根本。

邓家《邓氏宗谱》载:"古老口传,有祖伯元者,仕浙,任亡。遗裔侨居临安,又遭五季之乱,避兵至严,因以居焉。无征不敢臆。载惟十公迈祖可据,故以为始。"这里说的是,建德邓家之始高祖,原是伯元公。而始高祖伯元公原从南阳而出。为什么如此说?因为,《邓氏宗谱》载:"邓氏由高密侯始,厥后,有伯元者仕杭……"(胡棨语)可见,伯元公为太傅高密侯邓禹之裔孙。正是宗谱所载,太傅邓禹衍自南阳而出,说明伯元公祖上也衍自南阳,后来才到临安,并在临安出仕,历史上的临安属吴越西府,即现在的杭州市区之地。按此可以说,伯元公在杭出仕的时间应该就是钱镠在位的907—932年间,抑或更早。因为《邓氏宗谱》言:"伯元者,仕浙,任亡。"这说明出仕浙地在先,辞官离去在后。这里的"任亡"一词,应该是挂冠辞官而去的意思,而非肉身死亡之意。

"遗裔侨居临安,又遭五季之乱,避兵至严,因以居焉。"这说明侨居临安(杭州)是在辞官以前,侨居临安之后,再遭"五季之乱",然后避兵至严,说明是因为遭遇了"五季之乱",为了躲避战乱才携膝下的儿孙一同从临安迁出,避居至建德严州一带,这就是"避兵至严"的由来。

宗谱说得非常明白,伯元公的后裔在侨居临安以后,遭遇"五季之乱",然后再避兵至严。那么,"五季之乱"到底是怎么一回事呢?是处在什么历史时期和背景中呢?要弄清楚这些问题,我们就必须先从当时的历史背景着手去研究。

"五季之乱"发生在公元907—960年之间,是中国历史上的一段大分裂时期。这段历史持续的时间并不长,只有短短的几十年,但是却给当时的社会带来了致命的伤害,因此,对历史发展的影响非常大。可以说,这是一段封建军阀大混战和社会大动乱的历史。

"五季之乱"最早拉开序幕,应该是在唐代晚期的公元907年。这一年,朱温突然起兵篡夺唐皇皇位,一夜之间,推翻了唐王朝,建立了新的政权,国号梁,史称后梁。从朱温907年建立后梁政权开始到赵匡胤960年黄袍加身建立宋朝政权,这期间共有五十余年的时间,故有不少历史学家和历史书把这一段历史称为"五十年中"。

当时,天下大乱,战火不断,乱臣四起,民不聊生。仅这五十余年间,在我国的中原地区就先后建立起了以下五个政权:

朱温(852—912)建立了后梁(907—923)。朱温篡唐称帝后,国号梁,史称后梁。后梁实行两都制,东都开封,西都洛阳。

李存勖(885—926)建立了后唐(923—936),它是沙陀族建立的封建王朝,定都洛阳。

石敬瑭(892—942)建立了后晋(936—947),后晋曾先后定都洛阳和开封。

刘知远（895—948）建立了后汉（947—950），后汉建都城于开封。另外，还有郭威（904—954）建立了后周（951—960）。

在公元907—960年的这段历史时期，社会正是被这五个短命的王朝折腾得动荡不安。上有暴君，下有酷吏，再加上连年的征战，中原烽火遍地燃烧，山河飘摇民哀惶，赤县大地金瓯裂，神州连年草不长，甚至连历史名都长安、洛阳、扬州等都几度被毁，形成了天下大乱、哀民遍野之势，史称"五季之乱"，又称"五代之乱"。

当时后梁设都城在河南开封，后唐设都城在河南洛阳，后晋、后汉和后周都把京都设在汴州（开封）一带，可见中原地区是当时政治、经济、文化、军事的中心。

当时除了"五代"这五个势力比较强悍的王朝外，还有十个相对比较弱小的割据政权，它们被称为"十国"，而这些小邦国大都紧靠着四川以及两湖和长江两岸一带。当时，江南杭州所辖的这一大片地方被称为吴越国。吴越国由杭州临安人钱镠建立，定都城于钱塘（杭州），属西府/杭州，占地十三州一军八十六县。全盛时其范围曾经扩展到今浙江、上海、苏州全境和福建东北部。最后，吴越国末代国王钱弘俶（929—988）为了避免战争，使百姓不至于生灵涂炭，便主动献土并入北宋，吴越国这一段历史才宣告结束。

吴越国的开国君王钱镠是一位比较有眼光的开明君主，他在位时，见吴越地域狭小，经连年战火的破坏，已是物产贫瘠，民疲兵弱，难以抵抗外来强大敌人的军事打击和经济掠夺。遂对内采取"加强生产，振兴经济，保境安民"的一系列政策，对外则采取"韬光养晦，偃兵息战，养精蓄锐"的战略措施。久而久之终于使吴越这小小的一方天地暂时得以安宁，人们的生活也比较平静，市场商贸也相对繁荣。同时，吴越王还对外大量地笼络人才，唯贤是用，以便积蓄力量，稳固城邦。伯元公也是在这个时期出仕到杭州的。

  按现下流行的说法，邓家之高祖伯元公，定是一位了不起的人物，是一位知识才能都比较出众的能者，是在那个时期被吴越王特别招募的高级人才，时间大约在公元907—932年之间，至今已有1100年。因无确凿的文字记载，只能对这一段历史做个大概的归纳。邓氏的这一段历史要想真正有据可循，可以从十公迈（字超远）时代开始去查。因为这以后在宗谱上"其传宜叙年庚，记婚配，录行实"等都有了确切的记载。

  邓氏三十一世孙国泰在《清溪邓氏续修宗谱序》有云："一世祖伯元者，仕杭过严隐居清溪之旁。嗣后七世数度搬迁，几经磨难。直至元末元贞年间，九世祖仲四公才从岸口西村来邓宅定居，遂为邓宅村始祖也。"但是，有关仲四公的生平事迹，留给后人的资料却非常稀少，我们只能在《邓氏宗谱》的点滴记录中寻找端倪，在有关仲四公后人的史料记载中考证一二。《邓氏宗谱》中对仲四公的记载只寥寥数笔："仲四公，生卒年失考，乃万五七公之次子。子：隆三公，名仲畴，曾任余杭县尉。"洪武初年（1368），其孙"隆三公长子茂六公，名镛，字声永，被贼人害于新岭之巅"，此事距今已有约650年。再从良四公出生于1405年（良四公乃仲四公第五代玄孙），可以推断出仲四公从岸口西村来邓家定居的时间距今已有700年之久，更确切的时间应该是在距今700~750年之间。

  根据历史纪年推算可知，当时正值元代元贞年间，元贞乃元朝时元成宗的年号，元成宗（名孛儿只斤铁穆耳，1265—1307年），在位共十三年（1295—1307年在位）。以此确定邓氏先祖定居邓家之地的确切时间应该是在元朝中期，距今应为720年左右。

然而，从清溪南阳一脉传承的邓姓至今又何止百世千代，而这千百年来，邓家邓氏的先祖经历了与大自然和外族的英勇搏斗，为今日之邓家打下了一片宏伟基业。其功足可表彰，其勋更可铭志。

> 清溪裔姓史辉煌，上自商王血脉长。
> 吾离封殷家业伟，司徒拜汉国运昌。
> 堂开岸口隆基地，勋重西村邓宅乡。
> 郡望南阳功盖世，源流曼侯子孙旺。

源心邓姓的历史绚丽多彩，其祖上的历史也比较风光，但要清楚地理顺它的起初根源，还得对应上古邓姓的发展历史来作深入的了解。据《邓氏宗谱》所载，邓姓的根源可以上溯至清溪南阳高高祖之历史："十祖迁居清溪……自一世祖迈始，以迄于兹，其间支分派别皆秩。"（二十六世孙钟位语）而根据宗谱的历史和谱序所载，源心村邓姓自一世祖迈开始，各分支派系皆有一定的次序，错不了。那么再前面的至高始祖，究其源头又是出自何处呢？答案是春秋吾离侯（吾离，又称邓国侯，是春秋时邓国的国侯，约生活在公元前七世纪，是以国为氏的邓姓之人的第十九世祖，邓国距今已有约2700年的历史）。后来迁居清溪者伯元公直至再后来的十祖迈公超远都是高高祖吾离侯之后裔，这是宗谱历史有明确记载的。

明万历进士大中大夫邓美政（少溟公，明万历四十四年，1616年）在《重修邓氏宗谱》序中有言："吾族自离侯肇封于殷，而瓜瓞之根始，培高密侯，图勋于汉，而椒聊之实益衍，有子十三人……"这说明邓家源心村的邓氏之始祖，最早就是始封于殷的高高祖吾离侯，至汉代有高密侯。《汉书》载："高密侯，名邓禹，汉之重臣，因功封太傅，官拜大将军。"因此，从《邓氏宗谱》和美政公作的序中可以清楚地得知，源心邓氏之先祖始自殷商，衍自春秋时代的吾离侯，又为汉代太傅高密侯之裔孙，出自南阳望族。因高密侯有子13人，如椒聊之实，蕃衍盈升，后世子孙繁衍众多，人丁特别兴旺，以至家道兴盛，不断发展壮大。

此前，明成化丁酉年（明成化十三年，1477年），礼部观政进士胡棨也有云："邓氏由高密侯始，厥后，有伯元者，仕杭，避兵过严（州），隐居清溪之旁。"由此可知，邓家邓姓一族，虽衍自伯元公，但伯元公原是汉代高密侯的后裔。我们从宗谱书中查考历史得知，源心邓氏之高祖太傅高密侯出生在汉代中叶。高密侯，名邓禹（2—58年），是东汉开国世祖光武皇帝刘秀时代的著名军事家，功拜云台二十八宿将的第一位，扶助刘秀南征北战，平定天下，后为刘家夺取江山，建立东汉王朝政权，立下赫赫功勋，历史上称他是"既定河北，复平关中"的功勋卓越人物。刘秀称帝后，邓禹因功被封为大司徒、酂侯，后又被加封为高密侯。这一系列证据都有力地证明了源心村邓氏一脉原出自春秋之吾离侯，继而又出自汉高密侯，再随后传至伯元公。

《邓氏宗谱》也明确记载，建德邓姓之始祖伯元者，原就是汉代高密侯邓禹之后。邓家《邓氏宗谱》第二卷首载："十祖名迈，字超远。"这说明，迁居邓家和源心之前的十祖（始祖），名邓迈，字超远。以此推断，此十祖应该是始迁清溪的始祖伯元公的后裔。从邓姓在建德一带发展的历史看，清溪始祖伯元公生活在五代十国时期，他在杭出仕的时间大约为公元932年前，最迟不会超过公元960年。因为他出仕在"五季之乱"时期,"五季之乱"结束于公元960年大宋建立以前。而十祖迈公大约生活在稍晚的北宋末期,时间大概在宋钦宗赵桓在位之时,即靖康年间(1126—1127)。由此说明,首先隐居在清溪之旁的始祖伯元公,要比邓家十祖迈公的时代早大约200年。但是,因家谱之间所载名字常有出入,而且先前年代所作的家谱并没有留下确切的时间可以佐证,所以,此十祖迈公是否真的为伯元公第十代的子孙还有待查证。伯元公所处的时代在北宋还未立国之前,而迈公的时代大致在北宋后期,这在宗谱上都有相应的记载。可是,古人在记录历史大事的时候,有时候并不是按确切年代记录的,只是简单地记叙一下,也是有可能的。

此后,有嘉庆丁丑年(清嘉庆二十二年,即1817年)淳安吴应拔言:"按邓氏自邓侯吾离,因国为氏,至汉高密侯居南阳后,迁徙四出。居严之建德者,则自伯元公始。其辑谱始自隆三孙(尉),再辑于成化世良三公粗,于万历美政公考,史传口载;自高密佐光武拜大司徒,其后子孙群贤迭出,勋名垂于竹帛,姓氏昭于后人,岂偶然哉。"此记载也确切地证实了今天邓家和源心村邓氏为一脉,即邓家邓姓的先祖最早确实是邓侯吾离,后裔至汉代时为高密侯,再后来迁出南阳,子孙群贤迭出、四处发展,直至其中一支在临安繁衍,随后发展至首居建德的始祖,即伯元公。也就是说,邓氏的祖先可追溯到春秋时代,距今已有2700多年的历史,若追溯到汉代高密侯时,至今也已有2000年的历史。如果再往春秋十九世祖吾离侯之前追溯,其年代可能远超秦汉。

又明成化庚寅年(明成化六年,即1470年)监察御史桐庐俞书廷臣有云:"按谱,邓出春秋,邓侯吾离因国为氏,有仕东汉封高密侯者。厥后,有仕杭,避兵过清溪,爱山水之秀,因家焉者,此世良始迁之祖也,名臣显宦，代不乏人，至隆三县尉始加修辑。"对照成化礼部观政士胡棨言"有伯元者仕杭避兵祸过严（州）隐居清溪之旁"，也足以说明邓家邓氏之先祖最早可以追溯至春秋吾离年代。

而今日邓家之祖，自东汉禹祖拜大司徒又高密侯以后，一直繁衍至钱镠建立吴越国建都临安（即西府/杭州）时，又迁徙至建德严州之地。在此时期，高祖伯元因在杭州之地出仕为官，见"五季之乱"，战乱迭起，时局不宁，为避刀兵之祸，遂辞官举家结缘于清溪严州一带，因见此处山清水秀，就隐居于此地，其后裔便在此发扬光大。这就是成化年间俞书廷所说的"此世良始迁之祖也"。世良之始祖伯元公始迁至建德严州清溪之地，距今已有上千年之久，这段历史应值得邓氏子孙骄傲，这也是今日我辈之一大共识。

再者，先前明弘治戊午西安修谱裔孙英序则是更早的见证，也是更有力的证据。弘治戊午年，即弘治十一年，1498年，距今已有500多年。英序云："予邓氏之先世肇，自吾离受封为侯，食采于邓，及国为楚，并子孙因以国为姓。至祖禹，佐光武，封高密侯。子孙贵盛，一时士大夫家咸莫（慕）与京。故后世子孙系以南阳为郡望也。历世愈远，生聚愈繁。于是，迁徙四出，各永乃家。予宗则自南阳一迁，而临江，再迁，而汝川，其居严至建德者，则自吾鼻祖元公（伯元）始，然，里居犹仍清溪，云者盖无忘所自出也。"

另外，明万历赐进士出身通义大夫南京太常寺卿鲁源徐用检有云："按邓之先殷，曼姓，国周宣王，封其舅于故邓，子孙以为氏。历汉魏至今，代有显人，高密累世勋表其最著已。"这也进一步说明了邓氏之祖起源于殷地，本为曼姓。至周宣王时，以国为姓，后因王之舅父被封于邓，于是其子孙后裔皆以"邓"为姓氏，嗣后再有汉高密侯之后裔历世封官拜相，累世受皇家勋表，以至代代相承，族人不断发展壮大。

龙源裔孙邓林关于马目一族邓姓的历史也有云："祖居马目清溪，始于迈公，自宋初至元末，族遭兵乱，流离转徙不可胜计，惟茂九公吉人天相，独能世守。子孙蕃衍此一线，延至正三公，蹶然再早有子，良二、良四、良七公，分仁和、雍睦、克顺三堂。家声丕振。"这一记载证明了祖居马目清溪的这一支邓姓族人的祖先也为迈公，即超远。"自宋初至元末"这一句则是迈公的后裔生活在宋初至元初时代的证据。可见，马目的这一族也为茂九公的后裔，与邓家之祖同为一源且又同为一宗，都是衍自清溪严之地的一脉。不过定居邓家之地的分支，其定居邓家的年代好像要比马目的这一分支定居马目的年代要早一点。

先前邓氏以南阳为郡望。尔后，邓姓之人的发展又衍生为两大历史阶段，先在临江之地发展（临江应为四川川西之地，今川西之地有不少邓姓之人，应为这一族），后来又在汝川之地发展壮大（汝川乃今河南中南部地区，今河南中部邓姓之人更多，也应是先前迁居在此的族人），再后来经不断地迁徙分衍，直到始祖伯元公从居住之地临安迁往建德严地为止。这段历史虽不知有多少年多少代，但始祖伯元公为建德邓氏之鼻祖，已是公认的事实，毋庸质疑。是故，后来邓家邓氏一族又出自十祖迈公，此为世良公始迁之祖也，也是世良公始居清溪的来源之佐证。这段历史，让我们清晰地看到了邓家邓氏一脉根源之所在。

先前，清溪南阳郡自岸口衍生了邓氏西村族，又衍生出而今的邓家盛五族，以及此后的马目派等多个族派，以至于源心的邓氏族派一脉也从盛五而出。根据以上资料总结，对于邓家源心邓氏之祖的历史来源，我们有了可靠的证据，如诗曰：

邓氏先宗吾离侯，功高卓越照千秋。
曼公始祖开新宇，十世元公建德酋。
故居清溪承大统，乾开岸口拜将侯。
南阳世系奠基业，一脉昆仑贯斗牛。

自伯元公迁居严州清溪以后，十祖迈公迁居盛五山下，然又有仲四公从岸口西村迁居邓家，再到十五世祖良二公定居源心，历史漫漫。

六百年的岁月造就了源心邓姓之人，也造就了这一段辉煌的历史。而历史定格在1984年，因为兰溪市水利设施芝堰水库工程建设，全村向外迁移，此时源心邓姓住户已经发展到76户，计359人，但还有少部分家庭因在外发展事业或兄弟分家，未予登记注册在内，故实际户数不止此数。应该说，除了定居在源心村的其他姓氏外，源心邓氏不会少于400人。

二、源心王姓发展之历史

据里王《王氏宗谱》考证可知：源心村的王姓住户祖上来自相邻的里王村，而里王村的王姓先祖原为太原王氏之嫡裔。根据王氏珍藏之《王氏宗谱》所载："太原王氏，系姬姓。出自周灵王太子晋，尚书王相，世丞相王溥，状元王旦，居太原晋阳城，即称王氏第一始祖。而后自太原迁徙丹阳宦居，于始新横山后，再徙与淳安丰溪，转徙建德上王茅溪（即石澳）。自茅溪爱公迁之下王，由惜公观察桃峰插云端，绝顶望金兰，峰脉绕群山，崛起乌龙尾……为此,徙迁于桃峰下桃源里王及殿后村,部分居源心。"(摘自《梓林王氏重修宗谱序》)这一段话用一条主线,轮廓清晰地把源心王姓的发展历史展示在人们面前:上古王姓本姓"姬"——最早出自周灵王太子晋——然又始出太原——再后来迁徙至丹阳——然后迁徙至始新横山——再又迁徙至淳安丰溪——然后又转徙建德上王茅溪——然后再迁居到下王——再然后又定居里王——直至居住到源心村。

关于源心村王氏一姓的来源和繁衍的发展史,《王氏宗谱》上其他地方也有许多的记载。据晋太康八年(注:太康八年即公元287年,距今已经有1700多年),司隶校尉权知谱事崔琳在《王氏宗谱》之序中说:"王姓——本姓姬,系周灵王太子晋之后,为王室贵胄。历周、秦、汉、魏以来,人才辈出,仕宦者不绝。"从崔校尉的记载中,我们也可以了解到,王氏原本出自姬姓,为周灵王太子晋之后裔,是从王室贵胄中衍生发展而来的,经历了周、秦、汉、魏等朝代,不断地发扬光大,而且人才辈出,仕宦者不绝,为王氏家族不断增光添彩。

淳熙辛丑年(淳熙,指南宋孝宗的第三个年号,1174—1189年。淳熙辛丑年指孝宗赵昚淳熙八年,即1181年,距今已有800多年),金紫光禄大夫方有开有曰:"太原王氏,世居并州……后宦宦,于睦州始新,考其所由来,实本姬姓,系周灵王太子晋之后,因太子以正谏父,忤逆了君意,被贬为庶人,谪居太原,故因其郡而定氏族。"因此,"太原王姓原为周之胄也"。

查考历史得知,并州,为古九州之一。相传大禹治洪水时,把全国划分为九个州,并州为其中之一。三国魏黄初年(220)以后,领太原、上党、雁门等七州,地州郡设晋阳,因此,历史上常用太原代表晋地,这一记录也明确地指出,太原王氏,原出于姬姓,为皇室贵胄,衍自周灵王一脉。当年因周灵王无道失德,太子晋挺身正谏,忤逆了君意,后被贬至太原,故因其郡而定氏族。正因为太子晋出自皇家,贵为君王,所以,其后裔便以"王"为姓氏,这就是源心王姓的真实历史来源。

有关源心村王姓起源,《王氏宗谱》中有更为详细的证据。宋乾道辛卯年(乾道,南宋孝宗赵昚的第二个年号,即1165—1173年,乾道辛卯年,指1171年),远孙乡贡进士三山王子在《王氏宗谱》一序文中指出:"且谓王氏之姓,其出东周之季,灵王泄心之太子晋也……齐氏灵王荒怠政事,崩山雍川,结怨河内,民不堪命。太子以正谏失意,遂见菲黜,降为庶人。以从王者之后,故称王氏。其子元镜为周大夫,厥后世居太原,宦序蝉联不绝。下至二十五代孙相,汉尚书于罾著作左郎崔琳序中见之,自相下至晋、宋、齐、梁、陈、隋以来,代有名人,子孙相承,繁衍盛大。"这更加充分地证明了太原王氏的来源,并且还更详细地指明了王氏一姓原出自东周之季,乃周灵王泄心之太子晋也,也充分地说明了正因为齐氏灵王荒怠政事,积怨于民,才造成民不聊生之态,最终使之结怨于河内,造成民不堪命的乱象,以至太子晋仗义执言,公然正谏,最后竟忤逆了父皇,被降为庶人,谪居太原。又因为太子一脉原本出自君王之家,有王家之气,故才以"王"字为姓氏,以至于其子孙后代都以此为姓氏。同时,这里还让人们看到自太子晋以后,其子孙后裔人才辈出、宦序蝉联不绝的历史,也让我们看到王氏子孙相承、繁衍盛大的事实。从太子晋之后,有周大夫元镜,厥后世代代居住在太原,因人才辈出,官宦不绝,直至二十五代孙相以后,至晋、宋、齐、梁、陈、隋等代代都有名人辈出,名声显达,繁衍昌大。

对于王氏之起源,《王氏宗谱》中还有更早的记载。《太原王氏晋阳开国得胜之由》一文中说："王氏本姬姓，黄帝之后，长子兄元嚣五代孙弃尧，举为农师，教民稼穑，种艺百谷。久为蒸民，乃粮有功。封于邰，号曰后稷。后十五世而文王兴焉，传及武王、成王、康王，下至灵王泄心太子晋，字子乔，以正谏失意，降为庶人，谪居太原，郡晋阳县城都乡唐板里，以其王者之后，因称王氏。"这段文字，是对太原王氏更早来源更明确的叙说，它一直追溯到王姓最早的始祖姬姓，又阐述到黄帝时代，从黄帝时代讲到长子兄元嚣，又从元嚣讲到他的五代孙弃尧（后稷），再从后稷时代讲到后十五世周文王的兴起，然后再转到周武王和"成康之治"时代，最后再引申到灵王泄心太子晋的身上，把太原王氏一脉的历史讲得清清楚楚明明白白。同时告诉人们，太子晋，字子乔，因以正言谏失德之王后，被贬为庶人，然后谪居太原晋阳县城都乡唐板里，此后，其后裔便以"王"为姓。

通过以上证据，我们已经完全厘清了王姓的来源，接下来就不难考证它后期的发展史了。那么，源心王姓到底是从哪里发展而来的呢？我们也完全可以借着《王氏宗谱》中的其他记载来解释清楚。这里，我们从以下几个方面来加以论证，以便能真正厘清他们的历史发展轨迹。

第一，据《刘向列传》说："讳晋，字子乔，周灵王之太子也……按谱，初以正谏王，役忤意，谪为庶人，居太原郡晋阳县城都乡唐板里，以其王者之后，因称王氏，此得姓为第一世祖也，娶周大夫尹氏之女，生子元镜……"刘向把周灵王太子晋的身世交代明白以后，告诉我们一个信息，太子晋是名副其实的太原王氏第一始祖，他的妻子是周大夫尹氏之女，生了第一个儿子，名叫元镜。同时，刘向在其列传中也告诉我们，太子被贬后，居太原郡晋阳县城都乡唐板里，这段记载与《王氏宗谱》的记叙都能对得上。

第二,"……惟我王氏,起自太原,迁于丹阳,宦居于始新横山,后徙于丰溪,即今严郡淳邑是也。而自淳而迁建之上王茅溪,复自茅溪而为下王与桃峰之里王。自里王又分为兰之都心和寿之直坞。"(摘自清康熙癸未十九代裔孙敬德《继志续修宗谱序》)这一段话是王氏后裔第十九代孙敬德所说的,在这里敬德先生讲述了王氏先从太原兴起,后又迁居丹阳。接着再从丹阳迁居到始新横山(即今淳安县),再转到丰溪居住(今淳安),然后又从丰溪迁到了建德之上王茅溪(即今兰溪市)。最后,又从茅溪迁往下王,转到桃峰里王居住。为后人提供了源心王氏这一脉自上而下发展的确切依据。

考证历史得知:古丹阳就在今江苏省镇江市一带。历史上的丹阳是公元前221年秦朝政府所设立的15个主要县份之一。丹阳在秦朝时被称为"曲阿",后来又改为"云阳"。历史发展到公元742年,即唐天宝元年时候,人们发现在丹阳境内生长着许多的"赤杨树",非常漂亮,而且这些郁郁青翠的赤杨树逐渐成了一道靓丽的风景线,故而把"云阳"改为"丹杨"。至隋朝时,因"杨"与"阳"同音,为避炀帝之讳,人们便又把"杨"字改为"阳"字,称"丹杨"为"丹阳",也有取"丹凤朝阳"之意,嗣后,便定名为"丹阳"。

历史上,丹阳曾是齐高帝萧道成和梁武帝萧衍两代开国皇帝的故里,是个天灵地杰、人才辈出之地,也是中国汉文化的主要发祥地之一。

第三,"粤稽我祖,出自东周之季,灵王泄心之太子晋也。太子以正谏失意,降为庶人,以从王者之后,遂称王氏。子元镜,为周上大夫,厥后世居太原,宦序连绵。传至二十四代祖,汉尚书元卿公,于灵帝光和六年(183)渡江,居丹阳,为江左第一祖。自元卿公至三十六世祖,户部尚书智仰公迁于始新，即今至淳安横山安乐乡也。自智仰公至唐散骑常侍拔武公迁于丰溪，即今至淳安丰源富昌也。

"自拔武公下至八世祖户部员外郎德崇公仕于唐末，居职清谨，有忤权要，遂弃官归里，素性恬淡，欲择一潜身自乐之境。于是，与夫人章氏同次子讳立贤，去丰溪之故地，迁于建德之茅溪，因其姓而名其地曰上王。

"越四世，有觉民公登进士第，选定海知县，与黄埔塘徐氏发公知明州事者，素有金兰之合，又以胞兄观民公之女妻发公之子，贡生，名质，嗣后联渊不绝。至徐仁九公赘婿王门，斯时，徐氏渐盛，王族衰微。遁琼公之子爱公惜公，智具几先，知上王非久留之地，遂同徙居下王。惜公居不数年，以其地不满志，迺觅桃峰之下，前后峰峦挺秀，金龟蜿蜒，左抱石门峥嵘，右峙两水萦洄，夹流以为此，可以卜万代宏基。遂别爱公而迁居焉。因下王居外，而名其地曰里王。嗣后子孙延蔓，名人辈出，其德业闻望，基址迁移一一登诸旧谱，昭如日星予不复赘也。

"独念里王自惜公徙居以来迄今六百九十年……"（摘自清道光四年《续修王氏宗谱序》）

这段记载详细地点明了王氏的发展史，让人们清楚地了解到，王氏世祖原出自东周，上自灵王泄心之太子晋，然后再到周大夫元镜厥居太原，又再历二十四代至汉尚书元卿公，于汉灵帝光和六年（183）渡江向南，迁至丹阳居住。后又至三十六世祖，户部尚书郎智仰公迁居始新横山，再到唐散骑常侍拔武公迁至丰溪，然后又历八世到户部员外郎德崇公时代，迁于建德茅溪名曰上王之地。再越四世，有觉民公和观民公与徐氏联姻，至遁琼公之子爱公惜公时，从上王迁徙至下王，不数年，由惜公迁居里王居住。

寥寥数语就把王氏上下几千年的家族演变史讲得非常清楚。根据爱公第二十一世孙邑庠生茂椿序推算，惜公定居桃峰里王为道光四年再往前推690年，道光四年即公元1824年，距今已有196年，加上前面的690年，应为886年。可见，惜公至桃峰里王建村的历史是比较悠久的，里王王氏在这里曾经生活了将近九个世纪，也正因为当年惜公有远见，带领族人迁居此地，才使里王王氏一族在桃峰下发扬光大，人丁兴旺而繁衍不息。

第四，"粤稽我祖，自周太子晋谪居太原，以王者之后，遂名王姓。自是而后各公巨卿，真儒将相代有其人，族谱所载不可枚举。传至二十四世祖王相，于汉灵帝光和六年（183），以尚书降零陵太守，徙居丹阳，又徙吴兴郡，此渡江第一世祖也。自后绵延分派，发育无疆，派居各郡，悉备于谱，传至三十六世祖，户部尚书智仰公迁于始新，即今严邑淳安县横山安乐乡也。又横山四十七世祖仕至散骑常侍，迁于丰溪，即今淳之富昌也。由富昌而四十九世祖迁于建邑之茅溪上王，乃户部员外德崇公也。传四世而觉民公登进士入司马君，实公之选亦淳之灵气所荫也。

"迁下王者爱公也，迁里王爱公之弟惜公也……"

这一段记载，也让我们把王氏是如何发展并到里王居住的历史看得非常明白。这里从周太子晋谪居晋阳开始说起，然后说到族谱中第二十四代的世祖王相，于汉灵帝光和六年时徙居丹阳。王姓传至二十四世祖王相时，以尚书降零陵太守后迁居丹阳，后又迁徙到了吴兴郡，这是南渡后的第一代世祖。如果从历史的角度去考证，这个吴兴郡很有可能就是指今天的浙江省临安至江苏省宜兴一带，治所应该在乌程（毗邻丹阳，即今湖州地域）。第三十六世祖智仰公，很有可能就是从吴兴迁到淳安之地的。其后人又从淳安迁到茅溪后再转移到上王村和下王村。而首先迁到下王村居住的是爱公，后来迁到里王村居住的是惜公（茅溪和里王当年应属严州寿昌所辖）。

对于里王王氏发展的历史轨迹，经前面大致梳理，我们已经有了大致的了解。但是对王姓人氏从桃峰里王迁往源心村的这一段历史却还不清楚。那么，王姓人氏到底是什么时候迁居源心的呢？第一位来源心村定居的人又是谁呢？根据史料记载，王姓在源心村定居的时间不是很长，还不足两百年。其祖上大约是在清道光九年（1829）前后迁来源心村居住的。当时，里王村人会春公是第一代首迁来源心村居住的土氏之人。王氏会春公是惜公第二十三代的后裔，字树春。在《王氏宗谱》查得：会春公是"宗"三十六公开元公的长子，入赘于源心。会春公与原从下沈叶村嫁到源心的亡夫女叶氏结为夫妇，入赘于下源心上房户邓氏家里，但遗憾的是，叶氏女名字未在家谱中有所记录，在源心《邓氏宗谱》中也没有发现有关记载，所以至今不详。会春公入赘源心村后，其后裔子孙取姓为"王"，后会春公生有三子，名海凤、海生、海桂。再后来，三子之后裔族人人丁兴旺，事业有成。至第三代时，男丁之中堂族兄弟竟达8人，到第四代时，堂份兄弟竟达到12人，最后至1984年芝堰水库移民时，已经繁衍至第七代，实际住户已达到22余户，计100余人。

第一代王姓世祖王会春是"述"字行辈分的。按《王氏宗谱》说，会春公出生于十八世纪末，于十九世纪二十年代末至三十年代初入赘于下源心邓门上房，比首迁桃源里王的世祖惜公要晚了差不多七个世纪。根据《王氏宗谱》所载，首迁里王居住的惜公，是宗谱排行为"拾"字辈的第三一公，讳惜，字居人，于宋绍兴甲戌（指绍兴二十四年，即1154年）迁居桃源。惜公于哲宗元符元年生，于孝宗淳熙二年卒（1098—1175），娶安人马氏。《王氏宗谱》中对惜公是这样评价的："公于桃峰之下建立厅堂广厦，蔚成大家，且崇儒重道，绅士大夫多所推重。"这里显然已有确切的记录，证明惜公是在绍兴二十四年（1154）迁往桃峰里王的。可是从惜公的生平中，却还是不能够详细地考证出会春公入赘源心村的确切时间，以及到底入赘谁家，这不失为一个遗憾。我们只能从会春公和其夫人的生活年代去考证一番。

查现有的《王氏宗谱》得知：会春公行"述"，第六十公，"宗"三六公长子，讳会春，字树春。嘉庆戊午年十月出生，于咸丰辛酉年二月卒（1798—1861）。入赘源心时，"与兰邑下沈叶叶氏（嘉庆戊午年八月出生，同治己巳年四月卒，即1798—1869年）结婚，生三子。长子海凤，次子海山，三子海桂"。

当年，估计源心邓门从下新叶娶来了叶氏女后不久就辞世了，也有可能因为邓氏家门人丁单薄，媳妇贤惠，年轻守寡，家中上有高堂，负担较重，况家庭又缺少劳力，不但要奉养高堂，还要承担养家之责，因而责任过重，难以为继，所以，后来就有会春公从里王村前来入赘之事。以此推算，两人结合时的年龄是比较大的，两人大约是在过了而立之年后才结合到一起的，应该在清道光庚寅年（1830）左右。

据《王氏宗谱》所载，会春公夫人叶氏出生于嘉庆戊午年八月，与公同龄，卒于同治己巳年四月（即1798—1869年），要比丈夫晚八年离世。而他们的长子海凤，字许智，出生于道光壬辰年，即1832年；次子海山，字许仁，出生于道光乙未年，即1835年；三子海桂，字许勇，号海福，出生于道光丁酉年，即1837年。从这三个孩子的出生年月，我们可以大致推算出会春公前往源心入赘的时间，大约在1830—1831年。

根据宗谱，以"会春公，王姓'宗'行第三十六公开元，字子昌之长子，宗谱上排行'述'行六十"为依据，完全可以确定他就是源心村王姓氏族之始祖，而他入赘源心村的时间为1830年前后也是比较准确的。

以下是会春公入赘源心后王姓发展的简要历史。

（述行）：会春公入赘源心后，生三子，即长子海凤、次子海山、三子海桂。

（先行）：海凤公生三子，即长子姜茂、次子姜兴、三子姜盛；二女，即长女兴妹、次女小妹。

海山公生一子，即姜清。

海桂公生四子，即长子章连、次子连根、三子连喜、四子连永；二女，即长女爱娣、次女根娣。

（训行）：姜茂公——？

姜兴公生三子，即长子河南、次子煜杰、三子江南；一女，即壬奶。

姜盛公生一子，即照南；一女，即金奶。

姜清公生四子，即长子锡壬、次子锡臻、三子锡康、四子锡坤；二女资料缺失。

章连公——？

连根公生二子，即长子锡照、次子锡昌。

连喜公生一子，即锡勤；一女，即银竹。

连永公生三子，即长子锡槐、次子锡松、三子锡余；一女，即银娣。

……

王姓家族居住源心村以后，因发展迅速，家道兴旺，也有少数王姓之人从里王迁往源心居住。再后来，不上200年，便人丁兴旺，发展至22户，达百余人口。从当年太子晋出晋阳，到今朝三王（上王、下王、原里王）的发展轨迹来看，其历史也是值得后人骄傲的。而源心王姓之家也是可圈可点的。

诗曰：

当年始祖列晋王，一脉龙孙万载长。
汉武秦王犹敬佩，唐宗宋祖亦传扬。
王姓姬氏太原出，汉帝光和徙丹阳。
智公始新横山居，代代儿孙富昌旺。

三、源心方姓发展之历史

源心之方姓，究其源头，上祖也衍自河南。学术界史记公认的方氏鼻祖是方雷。其后裔经不断地努力和奋斗终得繁衍壮大。原来历史上方姓的先人主要居住在以河南为中心的地带，后逐渐成为一大名门望族。因方姓的郡望主要出自河南之地，所以后来被学术界称为"河南郡"。

据《方氏宗谱》记载："西汉末年，先祖方紘，曾官拜大司马和河南太守。因避王莽之乱，从河南举家迁徙安居安徽歙县。"王莽（公元前45年—公元23年）是新朝的建立者，字巨君，魏郡元城人，即今河北大名县人，是汉元帝刘奭（公元前49年—前33年在位）的皇后王政君的侄儿，其父王曼，永始元年，即公元前16年封新都侯、骑都尉、光禄大夫侍中等职。绥和元年，即公元前8年，王莽出任大司马一职。至公元5年，代天子执政，称假黄帝。公元8年王莽自称为帝，改国号为"新"，开中国历史上通过篡夺皇位做皇帝的先河。地皇四年，即公元23年，王莽的新朝被绿林军所败，王莽被杀，新朝灭亡。

至东汉，方雄官拜河西太守，而方雄次子方储（方雄有三子，长为侪，次为储，么为俨）是兰溪方姓的直系先祖。

唐代时期，方纮第三十一代世孙方干，在宪宗元和十年，即公元815年迁居睦州。

五代时期，方干第四代元孙方俊举家从睦州迁居兰溪姚墩，成为兰溪方氏始祖。其后，俊公之第八代孙方襄，于南宋之初迁居下方，成为下方方姓之始祖。至明初，下方第十代孙方昊举家定居到玉华山麓之上吴方村，成为建德上吴方村之先祖。

根据这些记载，方氏先人方纮最早因避王莽之乱，首从河南举家迁到歙县，再后来是方雄等。其关系如下：

方纮——

方雄——

方储——方雄次子

方干——方纮第三十一代世孙

方俊——方干第四代孙

方襄（下方村始祖）——方俊第八代孙

方昊（上吴方村始祖）——方襄第十代孙

源心方氏来自相邻的建德市上吴方村。因此，其祖上亦衍自河南，属于"河南郡"。根据《邓氏宗谱》推算，最早来源心定居的方姓老太祖公是方进（1811—1863）和方元（1814—1861）两兄弟。方进和方元是邓氏"道"字行第三三三公德昌的两个儿子，德昌公是邓氏"章"字行第二四四公慧荣的第三子。方进是德昌公的长子，后来过继给"道"字行第二五三公德标为嗣。德标公是"章"字行第二四四公慧荣的长子。方进的后裔成了姓"邓"的一族。兄弟俩可能是随母亲（即方氏老太祖婆）从建德上吴方村前来寄靠邓氏家族的。方氏兄弟的母亲方氏，是德昌公的继配，可能是因家门失去依靠而改嫁过来的。但是，方元的生平在以后的《邓氏宗谱》中没有多载，很可能是移到方氏的宗谱里去了，因为其保留了原姓，其后裔都以"方"为姓。方元很可能就是源心方姓之人的祖先。（因源心村缺失《方世宗谱》资料，笔者只能依据老辈们的口传记录，若有失真，恳望方氏之人谅解）

《邓氏宗谱》载：

（1）"章"字行第二四四公长子德标（"道"字行第二五三公），字茂之。乾隆丙戌年十一月生，乾隆辛亥年三月卒（1766—1791），以"道"字行第三三三公德昌的长子方进为继嗣。

"章"字行第二四四公三子德昌（"道"字行第三三三公），字宗之，乾隆庚子年三月生，道光丙戌年二月卒（1780—1826）。配"徐"氏……续"方"氏，乾隆戊戌年八月生，道光甲午年九月卒（1778—1834），二子，方进、方元。

"道"字行第二五三公继子方进（"义"字行第三二四公），嘉庆辛未年九月生，同治癸亥年八月卒（1811—1863）。配王氏，嘉庆庚辰年九月生，光绪庚寅年二月卒（1820—1890）。四子，怀海、来发、来可、小可。

参考宗谱发现，除了方进的长子怀海成了邓氏一脉外，其余三兄弟都未载有后裔。

怀海："传"字行第二八四公，道光庚子年六月生，光绪庚寅年十月卒（1840—1890），一子，乃仪。

来发："传"字行第三〇一公，道光癸卯年十月生，光绪庚寅年十二月卒（1843—1890），未载有后裔。

来可："传"字行第三一六公，道光丁未年十一月生，咸丰辛酉年七月卒（1847—1861），早亡。

小可："传"字行第三四三公，咸丰丙辰年六月生，同治丙寅年八月卒（1856—1866），早亡。

（2）"章"字行第二四四公三子德昌（"道"字行第三三三公），字宗之，乾隆庚子年三月生，道光丙戌年二月卒（1780—1826）。续方氏，长子方进，出继"道"字行第二五三公德标为嗣，次子方元。

"道"字行第三三三公德昌次子方元（"义"字行第三四三公），嘉庆甲戌年五月生，咸丰辛酉年七月卒（1814—1861），配方氏，嘉庆丁丑年四月生，同治癸亥年二月卒（1817—1863），一子，怀松，

"义"字行第三四三公长子怀松（"传"字行第二八二公），道光庚子年生，同治乙丑年卒（1840—1865）……

《邓氏宗谱》没有记载怀松以后之事，其后裔可能都以"方"姓为氏，这样，方元就成了源心村方氏之族的老祖。方进的后裔成了"邓"姓之人，方元的后裔便成了"方"姓之人。

有方氏族人口述，当年有一位叫方开心的外甥，来源心村投靠母舅邓初云家，邓初云是邓氏"道"字行之辈。《邓氏宗谱》载："道三百八十三公初云，乾隆辛亥九月廿三未时生，咸丰戊午十月初四申时卒，配唐氏。"根据历史纪年可知，乾隆辛亥年为乾隆五十六年（1791），咸丰戊午年乃咸丰八年（1858），说明邓公初云生活的确切年代在1791—1858年间。但可惜《邓氏宗谱》上并未明确注明邓初云是否有后裔，也未曾载明其他的生平事宜。据此，只能推测，邓初云当年膝下可能无儿有女，

还有姐妹。而这个姐妹很可能就是方开心的母亲，也就是方姓族人的老太祖婆。但这一段方姓历史似乎与邓姓的历史并无联系，因而不能得到印证。

查《邓氏宗谱》可知：邓初云之父名荣景，为文三百廿二公文萃之子，生二子，即德英、初云。说明初云为荣景之次子。

方开心母投靠父门邓初云家后，便在源心村定居下来。后来不久，这位方家太祖婆便生下了方开心。待到方开心长大成人，娶妻生了三子。方开心的妻子是上源心村邓荣贵、邓荣富两兄弟的姑母，其名失考，在《邓氏宗谱》上也未查到实据。而这点点滴滴传言，也都是老辈们口述的。但是，邓初云的上三代历史应该还是清楚的：邓文萃（"文"字行第三二二公）—邓荣景（"章"字行第三四四公）—邓初云（"道"字行第三八三公）。可是，这些在《邓氏宗谱》上与方氏家族之间又连接不上，说明这一段历史并不一定准确，有可能是谬传。

关于方氏在源心的历史，我们不妨再来查考一下方进和方元两兄弟的历史，或许更有说服力。

源心《邓氏宗谱》载："方进排行'义'字行第三二四公，是'道'字行第二五三德标公（字茂之）的继子。方进（嘉庆辛未年九月生，同治癸亥年八月卒，即1811—1863年），配王氏（嘉庆庚辰年九月生，光绪庚寅年二月卒，即1820—1890年），生四子，怀海、来发、来可、小可。"从《邓氏宗谱》上来看，怀海是"传"字行第二八四公，生有一子叫乃仪，乃仪为宗谱上排名"代"字行第二三六公。后来，根据宗谱所载，这一脉成为"邓"姓之人。其余的来发、来可、小可三人在《邓氏宗谱》上都未有更详细的记载，而来可、小可两兄弟一个只活到了十五岁，一个才活到十岁，都属于早夭，根本不可能留有后裔。这说明方进后裔转回"方"姓并非事实。

而方元，嘉庆甲戌年五月生，咸丰辛酉年七月卒（1814—1861），母亲方氏，娶妻也为方氏，生有一子叫怀松。《邓氏宗谱》记载，方元次子是"传"字行第二八二公怀松，生于道光庚子年，卒于同治乙丑年（1840—1865）。但是，宗谱中关于方元之子怀松以后的生平事迹都未有记载，很可能是他沿袭承继其母族之业，后来成为方姓一族。在古代，让长子姓本家姓，用么子母族之姓来延续两家香火也是被允许的。所以，方元后裔很可能承继外祖父业，成为方氏一族。

总之，方氏后裔在源心生儿育女，子孙繁盛，后至家道兴旺，族群壮大，这一段历史虽然已成事实，但还有待考证之处。方元后裔仍取姓为"方"，其一切宗祠礼仪，挂靠下源心上堂房香火，这也是事实。

有关方氏定居源心后的历史，因资料缺失，无法全面考证。我们今天只能从其后裔的历史中向上倒查，以便寻找出有力的证据。而通过现有这些零星资料还不足以全面地厘清方氏在源心村生活的那一段历史。本书旨在让后辈对此段历史有个大概的了解，以便让更多的人参与进来，把资料补齐，使历史完整，还历史于真实。

方元后裔的发展史如下：

……

昌富、昌顺、昌标。

方昌富生一子——兆荣。

方昌顺——不详，可能无后嗣。

方昌标生一子——兆饶（福熹）。

方兆荣生一子一女——景祥、美金（女）。

方兆饶生二子——金贵、志清。

方景祥生二子——祝福、连庆。

其中，方兆荣的家族发展为独立的一房，方兆饶的家族亦发展为独立的一房，足见方姓之家人丁的兴旺和氏族的兴盛。

史料记载，方姓首迁源心的世祖讳"元"，也有说方元就是随母遗腹从建德上吴方村迁来下源心居住的方姓始祖。方元定居源心后，再与方氏结婚生有一子，也有说方开心与上源心邓荣富、邓荣贵两兄弟的姑姑邓氏女（姓名失考）结为连理，从此，生儿育女，繁衍子孙。但这些关系到底准确与否，还待有识之士提供更多证据。虽有宗谱证明，方进、方元之母，原是从上吴方村嫁来的，但因各种原因（到底两个儿子为何要姓方？是什么原因让他俩随母迁过来的？为什么兄弟俩要迁回源心村来居住等），都有待更多的资料来补充。

对于源心村方姓家族之历史，本书虽然不能全面地理顺，但是，源心方姓的历史同样不能湮灭，方姓的祖宗在源心村这一方土地上勤劳创业，生儿育女，劳苦功高，同样闪现出永恒的光芒。

诗曰：

> 方姓历史渊源长，上自高螺千古旺。
> 祖裔原从轩辕出，西陵昌意衍青阳。
> 后籍淳安家族大，前人辈出渊源长。
> 上封方山号方雷，榆周裔孙史留芳。

综上所述，可以知道方姓在源心村定居的时间也不是很长，大约不到

200年。而他们在源心经过努力，打下了一番基业。至1984年芝堰水库水利工程建设移民时，参与移民行动的有5户，统计在册的人口有20余人。

四、源心其他姓氏

源心村原住居民除了邓姓、王姓和方姓三个家族外，其余叶姓、项姓和唐姓三个姓氏的人口并不多。到1984年芝堰水库移民时，三姓共有五户人家，统计在册的人口总共才16人，记录如下：

叶姓2户7人。

项姓2户7人。

唐姓1户2人。

根据源心村1984年移民时的人口不完全统计情况，当时全村参与移民至永昌、游埠两个地区的共计有108户，计491人。另有4户向杭州建德市迁移。这个数字还不包括在外工作的和未参与移民的若干家庭与人口，譬如有邓永奎、邓兆富等户。

根据记载，源心村在1984年移民时，本来还有两个姓氏，一个姓"应"，是从黄店甘溪前来邓金喜家入赘的，其后裔姓"应"。还有一户姓"曹"，其身份是村里的女婿（是村民王银第的丈夫），系上海下放知青，后重回上海，故没有将其计算在内。

第三章 有关历史轶事

古老的源心村,自建村以来,经历了六个世纪的演变和发展,具有丰富的历史文化底蕴。如今,虽然有不少文化在历史中渐渐湮灭,使人难以追溯,但也有不少轶事是无法被历史埋没的,直至今日还被人们纪念着,我们挖掘这些零星轶事,是为了让它们给后人留下一点记忆,让后辈之人莫忘根本,永记祖宗开疆辟土的那些功劳。

历史上,源心人的祖先非常勤劳,也非常有智慧。从现在挖掘出的遗址来看,古时候他们在许多高山上都建有良田,甚至有用常人难以想象的大石块垒成的田坎,可高达半天(当地人称为半天田)。大路通云霄,高路入云端,正是这里真实的写照。在古时候,这里肯定有许许多多不为人知的轶事发生。而这些轶事既包括由外界引发的,也包括在村里发生的。尤其是在近代的历史演变中,村里曾有不少创造性的举措,为社会所称道。这里,我们只能把初步了解到的一小部分轶事登录在册,作为对历史的一点交代。其他的许多轶事,因缺少资料无法了解和考证,只能遗憾地让它们遗落在历史的长河中。

(1)北伐时期轶事:1926年,正值国内北伐战争时期,军阀混战,各自称王。当时控制着江苏、浙江一带地盘的北洋军阀是孙传芳。他穷兵黩武，与中国国民革命军的北伐军发生了战争。后来，革命军势如破竹节节胜利，打得孙传芳部没有招架之力，在战场上频频失利，几十万大军兵败如山倒。

当时孙部有一支百余人的小分队，溃退至邓家、桥亭、洪宅等一带，在那里作了暂时的停留。这时，孙部有小股人曾驻军于源心村。这一小股人驻源心村后，因缺衣少粮，在贫困潦倒之时，得到了源心村人的帮助。可见，源心村有忧天下之忧的怜悯情怀（史载：1924—1926年是孙传芳统治浙江时期，邓家《邓氏宗谱》也有记载，说明事情确实在当年发生过）。

历史记载：孙传芳（1885—1935），字馨远，山东泰安人。1924年9月，趁江浙战争爆发时大举出兵，以武力占据浙江。1925年又强行出兵用武力驱逐苏、皖等地奉军势力，然后成立了浙、闽、苏、皖、赣五省联军总指挥部，并且自封为总司令。

1926—1928年间，中国国民党领导的国民政府，以国民军为主力，蒋介石为总司令，向北方的张作霖、南方的孙传芳、吴佩孚等军阀发动了北伐战争。此次军事行动声势浩大，国民军从广东起兵，其目的是推翻腐朽军阀的统治，继而统一国家。

1926年9月，北伐军继攻克湖南、湖北等省，击败军阀吴佩孚后，接连进军江西，讨伐盘踞在华东，号称南方五省联军总司令的孙传芳部。这时，孙传芳从浙江亲赴江西督战，意在阻挡北伐军的进攻，然而最后还是以失败告终。

至同年11月，孙传芳所辖的五个方面军约20多万人，在与北伐军的交战中相继失利，没有多久就被国民革命军全线击溃。战败后的孙军军心大乱，有兵败如山倒之势，几十万大军四处逃窜，许多军人被北伐军收编。在这不利的战局中，孙部的后方空虚，士兵纷纷逃亡，便有一小部分败退的军人退驻到邓家、源心等地。据邓家历史记载，当时因孙部曾得到邓家和源心等村子当地人的资助救济，所以没有对当地造成危害。这可能也是源心人民风纯朴，慈善为怀的结果吧。

（2）民国抗旱轶事：1934年，一向以水乡泽国著称的我国江南诸省，遭遇了百年一遇之大旱，富饶的鱼米之乡竟面临着严重缺水缺粮的困境，天下粮仓之地竟异常凋敝，这场旱灾给江南人民带来了严重的打击，人民纷纷逃难。

据历史记载，1934年，江南共有十四个省发生了大面积的旱灾，此次灾情时间长、范围广，严重影响了长江中下游人民的生计，甚至还危及洞庭、鄱阳两湖等地。而浙西和黄河沿岸地区的灾情又最为严重。据历史记载，当时苏、浙、皖的旱情一度使粮食大面积减产，受灾情影响的田亩约占46%，有的地方几乎颗粒无收。

当年旱情严重，自六月入夏至八月盛暑，江南连续几月无雨。仅以上海为例，从七月中旬到八月底的55天数据显示，最高气温大多在35度以上，八月底的最后几天，竟达42度的高温，出现了自上海设立天文台63年来的最高气温记录，使水乡泽国变成了苦旱之地。

当时江、浙、皖一带受到严重影响，浙地寿昌、建德、兰溪一带也遭受大旱之害。炎热高温，使得许多地方颗粒无收，以致不少人背井离乡，纷纷外出乞讨。而幸运的是，源心村因其特殊的地理环境，有许多青山为屏障，白天受光照时间较短，减少了烈日烘烤的时间，再加上周围有不少山谷中的泉水为保障，灌溉着农田杂地，减轻了灾情。这一年，虽然粮食比往年减产了 20% 左右，但始终没有受到大面积的灾荒之苦。

有着独特优势地域环境的源心村，地下水资源十分丰富，只要深挖溪中沙石，就能够挖出水源来灌溉良田。因此，在如此严重的灾年还能保住农作物的产量没有受到太大的影响。甚至粮食不但能够自给，还拿出大部分来救助四邻。在如此灾年也没有造成大的粮荒，可见这是一片多么神奇的土地。源心村的村民没有在灾年遭受严重的饥荒，人们的生活也几乎没有受到太多影响，这足以证明源心之地是一方仙乡福地。

（3）支持抗战轶事：1942 年，中国的抗日战争进入了相持阶段。当时日本侵略军为了占领建德梅城——当时的严州府所在地，实现与兰溪方面军连成一片的战略目的，在桥亭、旧岭和螺蛳坪一带与中国国民政府的军队发生了激烈的战斗。日军丧心病狂，所到之处，烧杀抢掠，无恶不作，无辜枪杀我同胞多人，侵略者的罪恶行径，激起了当地民众的反抗。

当时，由于国军软弱，常吃败仗，军心不稳。为此，邓家、源心一带有不少人自发组成支援队，纷纷前往中国军队驻地效力。后来，中国军队因有着广大民众为后盾，有了足够的后勤做支援和保障，便与日敌进行了顽强战斗。中国军队的奋起反抗，使得日军灰溜溜地败退而去，最后没能进军邓家和源心，打通梅城与兰溪方面军队汇合的战略目的也未能达成。

螺蛳坪一仗，因为有老百姓的支持，打出了中国军队的信心，也彻底打乱了日军打通建德、寿昌和兰溪三地军事部署的计划。最后日军只有小股部队进到桥亭，但不久就败退而去。连邓家的土地都没有踏进一步，借道源心达到进军兰溪的目的更是难以实现。

此时，虽然日军未进军到源心村，但源心村村民对日军的兽行非常痛恨，青年人纷纷挺身而出，对中国军队进行战略支援，有的还干脆加入了中国军队的抗战行列。住在古泥瓦背的项云富等人毅然报名参军，加入抗日救国的行列中去。而早在几年前，热血青年邓小潮便已经投身抗战的行列中去了，并参加了中国军队英勇抗击日军的"徐州会战"，为中华民族的抗日战争和解放事业做出了应有的贡献。

（4）支持剿匪轶事：1949年四五月间，共产党领导的金萧支队和中国人民解放军第三十五军对盘踞在邓家一带的国民党省保安部队残部王之辉、丁谷发起了进攻。因剿匪部队对邓家一带崇山峻岭的地形不熟悉，致使剿匪战斗一时受挫。源心村人了解原委后，不少热血青年男女纷纷向解放军伸出援手，男人中有多人为部队做向导，女人们则积极为部队的后勤提供保障。而且，不少青壮年自发加入剿匪的队伍，协助人民解放军有力地打击了顽匪。当地老百姓的支持，使人民解放军如鱼得水，很快就掌握了战场的主动权，迫使国民党军队快速向马目方向溃败，也加快了人民解放军剿匪战争的胜利进程。

（5）抗美援朝轶事：1950年6月，因国家行政区域的整改和划分，源心村所属的殿后乡被划归于寿昌县管理。此前，源心村和邓家村都同属殿后乡管辖，因此便一并归入到寿昌县的管辖范围。同时，殿后乡撤销乡公所建制。在寿昌县支援抗美援朝和新中国的解放事业运动中，源心村人纷纷慷慨解囊，向国家政府捐出了大量的粮食和财物，这在当时是非常了不起的，也因此受到了人民政府的多次嘉奖。

（6）被划建兰轶事：1950年8月，源心村与里王、桥亭、界牌头等村，因殿后乡的撤销，又从原殿后乡划出，归入到寿昌县邓家乡的管辖范围。民国时期，源心、里王、桥亭、界牌头等村属建德县殿后乡第五、第六、第七、第八保，中华人民共和国成立以后，改保为村。1956年，里王、源心划归芝堰乡，桥亭、界牌头、甘岭等村划归邓家乡。

（7）援建国家轶事：1955年3月17日，毛泽东主席在杭州为《中国农村的社会主义高潮》一书中的《合作化模范邓家乡》一文写了编者按，高度表扬了邓家乡为支援国家建设，献出了大批粮食种子的事。在邓家乡此次为国家捐献粮食种子的运动中，源心村起到了举足轻重的作用，捐献出了上万斤的粮食种子，几乎为整个邓家乡承担了国家一半以上的任务。正是因为有源心人的牺牲和奉献，为国家贡献了大量的粮食和种子，也为新兴的社会主义国家事业的建设做出了贡献，才使邓家乡获得了如此荣誉。

（8）划归兰溪轶事：1958年9月，为了支援国家建设，解决兰溪西部女埠区、永昌区、游埠区以及溪西公社这三区一社严重缺水的问题，经浙江省人民政府同意，兰溪与寿昌两县协商，将源心等部分村庄重新调整和规划，最后将原属于寿昌县的源心村、里王村、殿后徐村、考坞源村和下慈坞村等村庄划归给兰溪县管理，于是源心村并入到兰溪的版图，隶属女埠区芝堰公社管辖范围。同年9月，国家建立人民公社，邓家乡并入（更楼）东风人民公社，同年11月，寿昌县撤销，与建德县合并，此后，建德县政府机关从梅城迁移至新安江办公。

（9）建造仓库轶事：20世纪50年代末至60年代初，在我国"大跃进"和"三年困难时期"，源心村因恢复生产的需要，在资金相当紧缺的情况下，竟然自力更生，艰苦奋斗，建起了九大间两层木楼房的仓库屋。1959年，国家进入"大跃进"时期，各地办起公共食堂，掀起了吃大锅饭的高潮。国家进入了"三年困难时期"后，源心人靠着艰苦奋斗的精神，在仓库屋里办起了"全民食堂"。

仓库屋建在村东学堂源山脚，建筑面积约400平方米，前半部配备了大戏台，戏台的两边还建造了厢房阁楼。仓库屋的后半部是三间木楼板的房子，木楼上设有房间、储粮柜，设施配置比较齐全。应该说，在国家三年严重困难的时期，村里还能够完成这么一项工程，靠着自力更生艰苦奋斗的精神，独立建起如此宽敞的房子，这是一个了不起的大手笔。

当时，新仓库屋和戏台的建成惊动了周边村庄，村里还破天荒地在新仓库里开演了几天社戏以示庆祝。要知道，那是发生在一个"破四旧"的特殊年代，源心人敢开演社戏的勇气和魄力有多大啊。

（10）建造水库轶事：20世纪60年代后期（1967—1968年），源心村为了响应国家兴修水利的号召和解决村里用水的问题，独立在村庄靠西面的接湾里三五潭地界，着手建造一座储水三百多万立方米的小二型水库。当时，源心人一穷二白，仅靠着集体不宽裕的经济条件和一双双勤劳的手，秉着一不怕苦、二不怕死的决心，在下定决心、不怕牺牲、排除万难，去争取胜利的精神鼓舞下和在鼓足干劲、力争上游、多快好省地建设社会主义的号召下，硬是在村里和库区的建设工地之间，建成了一条三米多宽、三公里多长的乡村公路。并且开山劈石上万方，建起了一座高达二十余米、长达三十多米的土石方青石护坡水库大坝。

后来整个大队（包括里王、殿后徐、考坞源）都把重心转移到里王村溪里建石拱桥的工程上去，三五潭水库工程被迫停工。因工程半途而废，最后未能完成整个工程的基础建设，但已花去经费数十万元，在当时，也算一件了不起的杰作。

虽然最后源心三五潭水库工程和里王溪石桥工程都没有建造成功，但源心人敢为天下先的气魄和胆略是值得骄傲的。源心人在20世纪60年代初拦水筑坝造水库，开山搭桥建公路的精神整整影响了一代人。

（11）创办剧团轶事："文化大革命"时期，为了配合社会上对样板戏的宣传力度，源心村部分村民在村委的支持下，由邓木汝、王品良、邓永茂等人牵头，创办了一个有相当规模的文艺宣传队。

文艺宣传队由邓木汝负责，花费上千元资金，置办了全新的行头，笙管二胡、锣鼓旗旌、服装道具、汽灯布景等一应俱全。并且从县里宣传部门、文化部门和剧团等行业请来了专业老师对演员们进行专业培训和指导。文艺宣传队的业余演员多达30余人，阵容庞大，名震乡里。当时文艺宣传队的业余演员们在文化基础较低、农业生产较忙的艰苦环境中，硬是靠着顽强的毅力，放弃晚上的休息时间，抓住空闲的时间，学会了不少样板戏节目。

宣传队创办成功以后，先在村里演出，然后再到周围村庄去宣传演出。后来，因表演得好，渐渐有了名声，又被邀请到周边县市许多地方去演出，最后因邀请他们的地方太多，宣传队的演出竟应接不暇。为了赶场，他们有时候一天要跑多个村庄去演出《沙家浜》《智取威虎山》《红灯记》等节目。宣传演出力度很大，竟轰动周边百里，获得了空前的成功。更有意思的是，因宣传队的演员将剧中人物演得惟妙惟肖，后来有几位主角竟被村民们取了剧中人物的绰号，如"阿庆嫂""胡司令""座山雕""刁德一"等名号，他们的本名反而没有人记得了，这不失为一大趣事。

（12）发展教育轶事：20世纪70年代后期（1978—1980年间），源心村在贫下中农管理学校的热潮中，看到入学的孩子不断增多，村里原有的校舍完全不够用，便着手在村东学堂源山麓规划建造了一座中心小学。

全新的小学一排十几间，盖成洋房式，非常漂亮。玻璃窗户，光线透亮，让人耳目一新。当时国家实行小学五年制教育模式，因此，小学设立了五个班级。体育室、办公室应有尽有，其硬件设施在当时整个女埠区都首屈一指，让周边村庄的人羡慕不已。建造这所硬件设施比较完备的学校，没有用国家一分钱，完全是村里独立出资建造的。

（13）发展畜牧轶事：20世纪70年代后期（1976—1978年间），在毛主席对上华合作社养猪经验的批示号召下，上、下源心村各生产队还各自建造了独立的集体牛舍房若干间，着实改善了耕牛的饲养条件。而且每个生产队的牛栏房都专门配备饲养人员管理，其条件在全乡算得上一流。同时，上、下源心村各生产队还集体建造了猪舍若干，最多时，全村集体饲养毛猪数量竟达上百头，这在集体化的时代里，为村里增加了巨大的副业收入，是一件很了不起的事情，这也是当时"农业学大寨"和"全国学上华"的产物。虽然有政治的因素在里面，但源心人的智慧同样值得点赞，创业精神也值得肯定。

（14）建加工厂轶事：20世纪70年代初期，源心村建造了一座加工大米的加工厂。加工厂为四间标准房，内设柴油机、脱米机、磨粉机、番薯加工机等，设备配置齐全。自此，历史上遗留下来的碾米坊结束了使命，退出了历史舞台。

（15）发展副业轶事：20世纪70年代，源心村还在下源心村王德明、王德芳家的洋房屋里，创办了一所简易的粉干作坊。作坊中既生产粉干，也生产水索粉、年糕等。但作坊办的时间不是很长，作坊的生产也不太正常。因为那时候村民粮食不宽裕，有的家庭还经常缺粮，所以索粉的加工和生产不太景气，因为不能天天生产，粉干作坊最后只得停办。

（16）支持移民轶事：1984年，为了支持兰溪市最大的水利枢纽工程芝堰水库的建设，源心村响应国家号召，全村从水库上游向库外搬迁。

嗣后，全村 108 户无条件地向永昌和游埠两个区进行分散迁移。当时参加移民迁移的计有 500 余人，其中也有少部分的住户迁往外县市安家。

（17）修葺宗庙轶事：1994 年，建德邓氏家族捐资重修村口邓氏大公庙，作为邓姓的后裔，源心邓姓不少族人参与了重建工程（大公庙原有许多佛像，在 1951 年土改结束时，这些佛像就被人全部毁坏。1969 年，由于受到"文化大革命"运动的影响，大公庙中一切祭祖的佛龛等设施几乎全面撤除，大部分房舍也被毁坏，最后竟成了残垣断壁）。改革开放后，邓氏子孙中要求重修大公庙的呼声很高，嗣后，修葺工作被摆上议程。最后，在大家的努力下，大公庙终于获得重修，而作为邓氏后裔的源心人也尽了很大一份心力，许多人为修庙集资募捐。

（18）修葺祖坟轶事：1995 年，建德邓氏家族出资重修源心竹坪山良二公墓，源心邓姓之族不少人捐资并参与工程建设。竹坪山良二公之墓本是优秀的历史文化遗产，曾是大明皇帝特赐的文物（可惜 1966 年"文化大革命"运动掀起后，建于明代成化十年十二月，大明成化皇帝敕赐，为良二公所建的"承恩"石牌坊等珍贵文物和古迹也一同被毁）。良二公墓的重修，是见证源心村邓氏宗族迁居在此六百年历史的最好佐证。

2014 年，建德邓氏族人发起重修郭头山邓氏祖坟，源心邓氏后裔邓小天、邓永良、邓立平、邓建平、邓晓明、邓立群、邓培昌、邓志平、邓木汝、邓永彪、邓金土、邓永华、邓永康等不少人纷纷捐资并参与重修祖坟工作（排名不分先后）。

（19）修葺宗谱轶事：2013 年，建德邓氏族人发起重修《清溪邓氏宗谱》工作，源心邓姓后裔邓木汝、邓永良、邓永彪、邓永康、邓金土、邓兆祥、邓彩祥、邓会东、邓志芳等人参与了编辑工作。源心村"太"字行邓小天代表邓家邓氏族人，前往河南邓州寻根问祖联系祖源，得到了河南方面的高度重视和大力支持。邓州"河南中国炎黄邓氏宗亲联谊总会"还于2014年农历九月二十六日专门向建德邓家续修宗谱理事会发来贺电，特向建德邓氏成功续修宗谱表示祝贺！

（20）成立农会轶事：中华人民共和国成立以后的1950年底，源心村响应中央人民政府《土地改革法》和《农民协会组织通则》之号召，成立了农村工作委员会（简称"农会"）。源心村1949年之前属严州府管辖，中华人民共和国成立后由寿昌县短暂管辖，曾与邓家村同乡。1958年10月后划归兰溪市管辖（当时为兰溪县），隶辖兰溪后，属于女埠区芝堰公社管辖。土地改革时，源心村成立了农村工作委员会，农会首任负责人是唐银富（上唐村人）。

（21）建互助组轶事：中华人民共和国成立后，因受抗美援朝战争等影响，造成了国内工农业整体资源缺乏。由于国家经济基础差，特别是广大农村许多地方集体经济非常薄弱，难以全面开展生产。为了解决农业生产中劳动力、畜力和农具不足等困难，在政府的引导下，各地在自愿互利基础上建立了劳动互助组织。于是，1954年，源心村也成立了生产互助组。互助组由王锡松担任组长，邓金木担任会计。实行"劳力互助、技术互助、农具互助"，解决了许多生产上的困难。

（22）建高级社轶事：1956—1957年，源心村成立了互助高级社。高级社实际上是互助组的高级形式，规模一般比小型的互助组要大，组员也比较稳定，除全年在主要农业生产上进行互补互助外，还进行其他一般农副业的互助结合。并且，在各组员之间有初步的劳动分工，具有集体组织的初步雏形，有的还积累了一定的公共资产。源心成立高级社时，由王连永和邓荣富担任主要负责人。

（23）成立大队轶事：1958年，在"大跃进"开展得红红火火的年代，毛主席指示："我们的方向应该逐步地，有次序地把工（业）、农（业）、商（业）、学（校）、兵（民兵等武装）组成为一个大公社"。于是，在总路线、"大跃进"、人民公社三面红旗挂帅的政治运动中，各地相继轰轰烈烈地成立了人民公社。人民公社成立后，源心村便脱离了寿昌管理，划归兰溪管辖，于是便成了兰溪县芝堰公社的一部分。源心村也成立了独立的源心大队。王锡松担任首任大队长。

（24）全民食堂轶事：20世纪50年代，由于"大跃进"运动的影响，社会上出现了"吃大锅饭"的热潮。"吃大锅饭"是"大跃进"年代中出现的产物，也叫"公共食堂"，是执行上级指示的需要，也是当时国家特别困难的一个缩影。当时，规模化的公共食堂本来是在人民公社化运动的前期由部分地方自发搞起来的，结果却影响了很多地方。因此，1959年，在到处刮这股运动风的时候，源心村也仿效各地开办了全民食堂。食堂办起来后，里王、殿后徐等村并入源心村。办全民食堂时王锡松担任大队长。

（25）"四清"运动轶事：1963年，在农业经济主导社会的年代里，中共中央为了搞好农业，发展农村经济，在全国城乡开展了社会主义教育运动。运动开始旨在农村"清工分、清账目、清仓库和清财物"，结果后来引起了在全国范围内"清思想、清政治、清组织和清经济"的"四清"运动。当时，中共中央非常重视这项工作，许多领导干部下到基层来亲自挂帅。于是，有数百万领导干部下农村、下工厂开展革命。最后，在城市中开展了"反贪污行贿，反投机倒把，反铺张浪费，反分散主义"的运动。广大工人和农民都行动起来，积极参与。为了响应号召，1964年，源心村在开展"四清运动"时期，也积极参与。"四清运动"时，源心村由高翠兰担任大队长（并兼任大队支部书记）。

（27）迁队里王轶事：1965年，当时里王、殿后徐、考坞源等村都属于源心大队管理。因为整个大队的村民住得比较分散，来往很不方便，也不利于统一管理，为此，上级便把源心村的大队部迁移至里王村去办公。里王村坐落在源心村村南，与源心相距约二公里，是源心村、殿后徐村和考坞源村到公社部去的必经之路。上级正是出于这种考虑，才把大队部移到里王村的。因为这里离公社比较近，所以是当时公社的唯一选择。大队部移到里王后，由里王村的退伍军人王寿喜担任大队长，源心村的高翠兰担任副大队长。

（28）迁队源心轶事：1977年，由于芝堰水库大坝工程建设进入了尾声，坝内开始蓄水，随着水位的不断升高，里王村开始脱离源心大队向库外的殿口村移民。于是，设置在里王村的村大队部停止了办公，大队部重新迁回源心村。大队部在源心重新设置后，由王锡松担任大队支部书记兼大队长，高翠兰担任支部副书记。

（29）重设大队轶事：1979年，随着殿后徐的移民开始（因当时芝堰水库的库水没有完全淹到最高警戒线水位），殿后徐当年曾经是旧时的乡政府所在地，移民时，村里只有一部分人向库外（女埠区范围除芝堰公社地域）迁移，其余一部分向考坞源方向地形高处迁移。于是，源心村与考坞源村自此分开。与考坞源、殿后徐分离后的源心村便成了独立的村庄。独立后的源心大队，由王锡松任大队支部书记，邓友仁任大队长，高翠兰任副书记。

（30）村庄迁移轶事：1984年，因芝堰水库工程建设即将竣工，库水已经淹到里王以上地界，源心村全村108户计500余人，先后分批向永昌、游埠两个区的部分村庄分散迁移，称为"源心大移民"。移民工作开始后，下源心先开始进行房屋、家具等拆迁，随后，上源心紧跟步伐跟上。源心村第一位响应政府号召移民的，是当时担任支部书记的王锡松户，该户被迁移到当时的永昌区华南乡桥下河村（即现在的永昌街道桥下何村）。

当时因条件差，在拆迁时，村民们经受了背井离乡的艰难，面临着重新建立家园的考验。最后经历了离开故土，被安置到各处去落户的曲折，在新的环境中重建了家园。在通过移民重新生活以后，终于以国家的事业为重，坦然地接受了现实，为全县的水利事业作出了牺牲，贡献了一份力量。

源心人是伟大的，其牺牲精神是值得赞扬的。源心村移民时，当时的大队支部书记王锡松起了带头作用，他家是村里最早向外迁移的，发挥了一个共产党员敢于牺牲的模范带头作用。此事发生在1984年2月，即农历春节后不久。

随后，全村人纷纷响应号召，离开故土，投奔新生活，可以说这种奉献的精神是不朽的。而早在源心人前面迁移出去的里王人、殿后徐人、考坞源人以及中央溪村的人，他们的牺牲精神同样是不朽的，他们的牺牲和付出同样值得人们称赞！

第四章　村民主要业绩

源心村在历史上出现过不少名人，大多在宗谱上有记载，也有一些名人因各种原因没有被记录下来，以至被历史所湮灭。

在近现代的历史发展过程中，也曾涌现出不少杰出的人物，他们在共和国的建设事业中发挥了积极的作用。有的从军参与国家军队建设，有的走向三尺讲台，为人民的教育事业呕心沥血，还有的走出了国门，登上了国际的大舞台，为祖国争光，成了家乡的骄傲。但更多人则是在社会上默默无闻地为国家和社会做着贡献，这些人都是源心村的骄傲。

因有不少人和事难以统计，这里只能把能掌握到的少部分人员登录在册，以供大家纪念。

（1）中华人民共和国成立前参加过抗日战争、人民解放战争的人员名录

邓小潮：绰号"班子"，列兵，中华人民共和国成立前在国军部队服役，抗战时期曾参加过著名的徐州战役（1938年），是村里为数不多的抗战老兵之一，服役年月不详，解放后回乡务农。

项云富：中华人民共和国成立前在国军队伍服役，曾参与抗日战争，

后失联。

邓如宾：中华人民共和国成立前在国军队伍服役，后失联。

邓金山：中华人民共和国成立前在国军队伍服役，中华人民共和国成立后参加人民解放军，在铁道部门工作，为新中国的铁道事业建设做出贡献，曾参与成渝铁路的建设工作，后全家定居在成都。

邓如贤：中华人民共和国成立前在国军队伍服役，中华人民共和国成立后回家乡务农。

邓康年：中华人民共和国成立前在国军队伍服役，中华人民共和国成立后回家乡务农。

（2）中华人民共和国成立后学业有特别成就的人员名录

邓昱鹏：现定居上海，获硕士学位。

邓东昱：为留美学子，现定居美国，获硕士、博士等多个学位。

邓伟云：现定居北京，毕业于浙江大学和北京师范大学，博士学位。曾是中国劳动学院教师。

邓立群：留美博士，获博士学位。

（3）中华人民共和国成立后参加过军队建设的人员名录

邓红群：1950—1955年，曾参军入伍，在人民解放军第三野战军陈毅部下服役，曾赴朝鲜参加抗美援朝战争，后转业地方工作。

邓余福：20世纪50年代初期，曾参军入伍，参加过解放江山岛的战争，后转业地方工作。

邓步云：20世纪50年代中叶，曾参军入伍，在原人民解放军福建省军区某部服役，退伍后务农。

邓永康：20世纪50年代中叶，曾参军入伍，在原人民解放军福建省军区某部服役，退伍后务农。

邓发康：1966—1968 年，曾参军入伍，在原人民解放军原南京军区某部服役，退伍后务农。

邓会明：1972—1977 年，曾参军入伍，在原人民解放军原北京军区某部服役，退伍后务农。

邓会华：1976—1980 年，曾参军入伍，在原人民解放军原北京军区某部服役，服役时曾参加唐山大地震后的重建工作，退伍后务农。

邓小天：1980—1985 年，曾参军入伍，在原人民解放军原南京军区某部服役，后转业地方电力部门工作。

方维松：1979—1986 年，曾参军入伍，在原人民解放军原南京军区某部服役，退伍后务农。

邓会仁：20 世纪 80 年代初期，曾参军入伍，在人民解放军原北京军区某部服役，后亡于军中。

（4）中华人民共和国成立后至移民前参与国家各个领域建设的人员名录

邓永奎：从事教育事业，曾任教建德、临安、杭州等地，中学特级教师，获国家特殊津贴人才。

邓有根：从事教育和文化事业，曾任教于兰溪、建德两地，后在建德文化部门和机关工作。

邓小明：从事教育和工业系统工作，曾任职于兰溪、建德两地。

邓太良：从事电子等领域工作，任职于建德。

邓小天：从事电力系统工作，曾任职于建德、金华两地。

邓永良：从事中学教育和旅游文化事业的建设，曾任职于建德教育和旅游部门。

邓培昌：从事财税工作，任职于兰溪本地。

邓余福：从事商业工作，任职于建德。

邓伟忠：从事商业工作，任职于建德。

邓兆祥：在家乡从事过短期的教育工作。

邓红群：从事公安、乡镇、商业的工作，曾任职于建德、兰溪两地。

王友明：从事财政行业工作，任职于永康县财政局。

邓兆富：从事交通行业服务工作，任职于兰溪本地。

邓木汝：从事教育事业，任职于兰溪本地。

王品良：从事教育事业，任职于兰溪本地。

邓永茂：在家乡从事过短期的教育工作。

邓友琴：从事街道公务工作，任职于建德。

邓亚平：从事水利、水务系统工作，任职于兰溪本地。

以上所录人员排名不分先后，参加工作时间都在1984年移民以前。

第五章 山林田地概况

据有关方面资料显示，在历史上，古源心村的山林特别多，深林树木不计其数，是个山多地广、森林茂密、山林资源比较丰富、水利资源比较充裕的村庄。1949年时，全村总人口已达175人，一说176人。山林面积为20000余亩，农田面积为3000余亩，相比周围的村子来说，是山林田地最多的村庄，因此，算得上是个富裕一方的村子。

中华人民共和国成立以后，因国家土地改革运动的开展，源心村的山林和良田大量被政府土改到周边的下慈坞村、里王村、殿后徐等村子，甚至连建德的新岭等村庄也有不少被土改过去的。还有很大一部分山林和山地被划到建德县的其他有关村庄。最后只剩下山林面积9998亩、良田1000余亩。仅仅从这两组数据来看，就足以说明当时的源心村是一个山多地广森林资源十分丰富的富裕村庄，也足可说明，正是源心村历代的先人们曾经在这里用智慧和血汗开辟了宏大基业，才能够富甲一方。

由于大量的土地在土改时被划到其他村子里去，到1984年村庄迁移前，随着人口的不断增长（移民时统计约为500人），人均良田面积只剩下了2亩左右。但是，山林面积却还一直保留在人均20余亩之多，这也是一个不小的数目。

正因有如此丰富的资源，所以源心村在20世纪经济严重困难的年代里，还能够为国家提供充足的储备粮食和种子。而且，因为山林土地广阔，在国家三年特殊困难的时候，源心村的村民也没有真正断过粮食，山林里的出产足可以让全村人一直维持着温饱的生活，说明这是一个物产富饶的地方。

在20世纪80年代芝堰水库移民以前，源心村因为山林物产丰富，树木众多，山上种有大量的乔木类植物，所以每年都有大量的油桐、茶叶、茶树籽等被采摘下来卖给国家。这些产品不但可以用来加工油料，也可以用来换钱或抵交国家粮食任务，以增加收入。因此，村里的集体经济一直非常充裕，百姓的家里也常有盈余。另外，村里每年还有计划地砍伐一部分树木或毛竹来增加集体或农户的收入。可以说，在那个计划经济的时代里，这是一份了不起的财富。

因为有大片的山林山地作依托，在"大跃进"时代以后的那个艰苦年代中，村民们也能够靠着山上大片的林木过日子，并且还慢慢地恢复了生产，度过了最艰难的岁月。哪怕是在20世纪60年代初国家三年严重困难的时期，村民们也能靠着山地的出产（玉米、红薯等杂粮）填饱肚子，躲过了那段艰难岁月。

"文化大革命"以后至改革开放前夕，源心村的劳动力分红竟然达到了史无前例的1.00~1.20元，成了全县分红最高的村庄之一。因每年每户都可以从集体的山上分到大片的树木，各自砍伐后增加收入，村民的经济收入得到了强有力的保障。这对于那个时代的人来说，确实算是比较难得了。源心村在1984年移民前，全村农户有自行车十余辆、缝纫机五六辆，手表的拥有量更高，在当时的年代几乎超过全县的平均数。

同时，源心村的集体经济也非常的宽裕。村里建有林场，成立了专业的林业队，每年派人管理和砍伐树木，增加集体收入。各生产队都有畜牧场，大力发展养牛和养猪事业，每个生产队每年都有上十头毛猪出栏卖给国家，以此来增加集体收入。

一、山林、良田地形分布情况

（1）山林山地地理分布位置

源心村的山林山地物产和水利资源非常丰富，许多山峰常年若隐若现于烟水云雾之中，树木郁郁葱葱，石岩隐隐约约，成为一道道优美的风景线，让人见了赞叹不已。

历史上因为源心村山岭的分布较广，疆界较长，与周边的村庄时有争议，甚至有不少山头地界与杭州建德等市县交界，因此，为了越界争抢山林资源，在边界也常有因山林纠纷引发的茅盾和冲突。

纵观源心村的山林地界，可以用七个字来形容，就是"山多、地广、界儿长"。若按东南西北的方位来划分，它们的整体分布大致如下：

坐落在村庄西界的主要有接峆山（接湾里）、仰天湾、布袋坞、梓树坞、里涧山、外涧山、葡萄湾、白岩底、云崆岩、西方坞、柴坎坞、六七坞头、畚箕山、后山坪、竹坪山等，并且靠西面一直延伸到十二曲的慈桐坞、黄洞山等地界。

坐落在村庄东界的主要有樟砌坞、菜坞、金字山、吴前坞底、老头山、亘古山、吴坞、鹊孔背、洪岩山、石宕湾、学堂源（金老畈）、梓树园、杨柳湾等,并且一直延伸到里螭垄和外螭垄等地界,与里王、考坞源和下慈坞村交界。

坐落在村庄北界的主要有四百丘、长湾里、石头岩、古泥岩背、塘后磡、茶湾里、竹坪山、葡萄湾等,直至延伸到十二曲、大坪等村的地界。

坐落在村庄南界的主要有枫坞里、仰翻坞、里方坞、下新屋后等,一直延伸到里王村的牛槽坞等山界。

（2）良田土地地理分布

历史上,源心村良田不少,按人口比例分的话,每人每户可以分上数十亩。但因大片的良田都靠近其他村庄,以致中华人民共和国成立后土地改革时被划到其他村庄去,最后只剩下大约1000亩。

这些良田因紧邻前溪和后溪,有充足的水源作保障,都能出产好粮食。具体分布情况如下:

分布在南界的有平湖畈田、石桥下畈田、余公畈田、大枫树底畈田、石拓头畈田、后溪畈田等。

分布在东界的有坎下畈田、菜坞脚畈田、金字山脚畈田、吴坞口畈田、吴坞里畈田、老头脚畈田、前溪片田、后溪片田等。

分布在北界的有金老畈田、百亩丘畈田、四百丘畈田、平水田边畈田、茶湾里畈田、上高棚里畈田等。

分布在西界的有六七坞头畈田、畚箕山脚畈田、竹珠坞畈田、柴坎坞口畈田、西方坞口畈田等。

（3）山上杂地

源心村山林杂地资源特别丰富,因全村有万余亩山林,故山林杂地有千余亩，而且这些山上的杂地相当肥沃，使得粮食的出产量非常高。据不完全统计，全村所有的杂地加起来有上千亩，可以播种玉米、番薯、大豆、绿豆、红豆、芝麻、药材等多种作物。地势比较低的杂地是种植菜蔬的黄金宝地，因而被许多人家辟为菜园。这些杂地如按东西南北方位分列的话，具体分布如下：

在西界的杂地有竹坪山片、后山坪片、葡萄湾片、茶湾片和下新屋后片等。

在东界有洪岩山脚片、石宕坞片、学堂源片、吴坞里片、金子山脚片、坎下片等。

在北界有茶湾里片、古泥瓦背片、古泥瓦底片、石头岩底片、百亩丘等。

在南界有里方坞畈片、仰翻坞片、峰坞里片、大枫树底片、石桥下片等。

其他地方山上杂地还有许多，村前村后也还有不少。高的山上如葡萄湾、布袋坞、里蟥垄、外蟥垄等都有大片山地可种作物，恕不在此一一叙述。

二、歌颂美丽山川的诗

源心村坐落在兰溪城西芝堰水库库区的上游，离市区约四十公里，与建德的更楼街道、大慈岩镇以及本市的黄店镇等乡镇街道交界。在万余亩山林中，名山胜景不少。有常年隐在云雾中的白岩山峰，有四季瓜果飘香的葡萄山谷，有乱云飞渡的巍峨云崆和吴坞岩石，也有流水潺潺的小溪山涧及石磴小桥。夏天有柴坎坞的凉风清荫，冬天有古岩山背的山泉微暖，具有"山高为屏挡寒冷，谷低风来降酷暑"的优越地理条件，是个风光秀丽的宜居之地。"涧涧小溪流碧水，弯弯峡谷习清风"正是这里优美环境的真实写照。

当年，在贯穿村庄的前溪中有四处石磴，它们是村中的一大风景。石磴建在平水殿边、上源心、上高坪和平湖里的溪中。石磴是由一块块大石头在溪水中垒成的，方便人们越过溪水，渡过溪去。在后溪的柴坎坞口和下新屋处及六七坞口也有石块垒成的石磴。在平水殿边、前溪、胜堰头等地还筑有水坝，俗称"堰坝"。

同时，在平湖和前溪还建有三座木桥。这三座木桥非常有特色，前溪的桥因溪较宽，中间建有一个木头的桥墩，桥用两块桥板连接而成，而每块桥板又由几根木檩条拼成,整座桥用大铁索连接,成了一道靓丽的风景线。后溪的两座桥也很有特色，是用木头建成的。建在平湖的那座桥更加有特色，它是用整棵的大枫树搭成的，把大枫树从中间一剖为二，搁在溪的两边拼成桥面。

源心的山涧和峡谷风景非常优美，尤其是村西的接湾峡谷，大有"一川狭长近百里，两面山高数千重。雾罩山峦层重叠，云绕石窟洞连峰。奇山怪石到处是,曲径幽深涧水泓。大树丛中伏猛虎,青岩石上卧真龙"之气势，真是别有一番天地。峡谷中一年四季清风习习，流水潺潺；繁花簇簇，鸟语花香；风光秀丽，云烟弥漫；水清见底，游鱼可观，因而被人们赞誉为"江南九寨沟"。

源心村山川秀丽，峰峦重叠，山山有奇景，峰峰呈风光。且各处风光景色不同，真是奇峰突兀，千姿百态，美轮美奂，气象万千。更兼一年四季山花烂漫，野果飘香，禽飞兽走，松柏常青，因此，留下了不少动人的传奇和优美的故事。

历史上，源心村的不少地方因风光秀媚、景色优美，吸引过不少名人学士来此游览观光。因此，文人们也曾写下不少佳作。只是因为历代村里人没有重视对佳作的保存，致使今日没有留下点滴墨宝，不失为一大遗憾。

正是因为源心村的名山秀水众多，而且不少地方都有优美动人的传奇故事和富有诗情画意的美丽传说，才需要大量的笔墨来表述。但是，由于笔者水平的局限性，难以在此一一细说。本书只能把较有代表性的几处美景介绍给读者诸君，以供大家欣赏。

这就是众人公认的"坪山祖地""金山风韵""天韵白岩""云崆岩秀""布袋烟鸿""葡萄雄峰""柴坎叠翠""西方扬风""涧山云浮""古岩清芳""三吴流觞""老头云华"十二处名山胜景和"平湖偃月""平水清波"两处优美水景。

虽然我们把这些美丽的山川和溪水以诗句来呈现，但因文采有限，不能表达得尽善尽美，只为博读者诸君一笑。

我们深深地希望源心人的后裔，莫忘那名山秀水的故乡，莫忘那祖宗打拼下来的每一份基业。在纪念之余，让我们把祖先所希望的事业发扬光大，莫使那六百年的历史在我辈手中湮灭。

这里有紫薇星座的建筑风格，这里有八卦布局的村落造型，还有云天一色的优美环境，更有鸟语花香、万紫千红的美景，难道不值得我们好好珍惜，好好记忆吗？

1. 名山十二景

——"坪山祖地"之一（坪山风光）
坪山映秀见初阳，翠柏浓荫百世昌。
始祖当年荣登地，良公曌煦有余香。
源渊自古来高处，一脉龙孙去远长。
虎岳龙峰昭日月，舜海尧天聚祥光。

——"金山风韵"之二（金字山风光）
金山叠韵映苍穹，雀武朱玄澣九重。
雪窦琉苏祥符兆，云门映彩岳云崇。
龙庭气势三阳地，虎穴丹霞十二宫。
泰运长庚千古业，乾坤自在一山中。

——"天韵白岩"之三（白岩底风光）
云天一色雨潇潇，半是烟岚半露撩。
壁立西山淫水碧，岩挂北岭罡风骁。
名崇五岳松花动，秩视三公翠竹摇。
石洞通天云底隐，仙家福地见风骚。

——"云崆岩秀"之四（云崆岩风光）
常年隐在白云中，雾里石壁洞穴空。
四季清风香不断，千秋雨霁挂崖翀。

飞天翼鸟藏云底，伏地蛟龙隐草丛。
任是神仙君府地，烟迷雾绕伴清风。

——"布袋烟鸿"之五（布袋坞风光）
山名布袋有乾坤，岭有烟鸿露鹤鸣。
火枣金银长满谷，冰桃玉杏遍山横。
环周四处花兰飔，一望云峰翠柏青。
螺髻千重跳伏咒，青霞白雾伴笛笙。

——"葡萄雄风"之六（葡萄湾风光）
山梁一脊万条垄，石岭千峰气势雄。
气压恒嵩佳气浮，青分齐鲁涧水濛。
繁花遍地开香蕊，古树参天展郁葱。
道是名山岩色秀，云烟罩雾乱苍穹。

——"柴坎叠翠"之七（柴坎坞风光）
山梁道道垒成峰，绝壁层层大气雄。
碣叠山峦云雾绕，青苔石屑洞烟濛。
幽径九曲清泉冽，碍水三湾古木蓬。
峭壁千寻浮碧玉，瑶草翕艳树青葱。

——"西方扬风"之八（西方坞风光）
西方景美洁无尘，仰首云天九曲深。

碍水横峰岩百丈,通川侧岸水千寻。

花溪隐月深泉暗,石岭琵琶冷山淫。

万壑萦回磐道冀,云封树隐半川林。

——"涧山云浮"之九(里外涧山风光)

内外涧山藏锦绣,孤峰万仞接荆扬。

凝烟吐翠天峻极,照日分红地镇黄。

竹下来风桃蕊艳,松间熛雾李花香。

霞光五色流金阙,瑶华三成碧玉妆。

——"古岩清芳"之十(古泥瓦背风光)

神峰万仞矗天门,峭壁千寻插汉庭。

凤阙流筠嶂紫阁,鸾宫玉垒罩云屏。

兰岩鹤泪清潆碧,跪石羊羔见列星。

剑阁双门严婺秀,终南一径建衢馨。

——"三吴流觞"之十一(三吴头风光)

龙飙艳艳满山春,太岳三吴曲径深。

叠翠岩崖添草色,飞云瀑布灌清林。

峰峦接地岚光照,嶂独摩天黛影侵。

石臼叮咚泉水碧,流潆滴滴赛仙音。

——"老头云华"之十二（老头山风光）
孤峰万仞插云天，绝壁千寻绕雾烟。
古柏倚岩青后岳，萝藤镇壁绿前川。
松清四季猿猩吠，竹翠三山鸟雀喧。
寥廓江山多锦绣，仙山一景世无前。

2. 秀水二风光

——"平湖偃月"之一（平湖溪水）
两水相逢似有因，前川后曲自分明。
明溪偃月清波映，拱木双桥碧玉漾。
岁岁溪中源不断，年年宕底水无狞。
东经北纬流潺汇，万古千秋唱太平。

——"平水清波"之二（平水潭涧）
潆潆一脉自空来，碧落琼浆石下醅。
九曲峰回迎漱玉，三岩岗洌接泉开。
桥横老木杨花照，岸接长藤叶绿苔。
万水潭涧清如许，滔滔玉液九州魁。

第六章　村办事业探究

古源心村的村庄建设在历史上也是比较有特色的，上源心的建筑整个都面向西南方布局，遥对着竹坪山，而下源心与下新屋的建筑大多对着东面菜坞尖，上高坪的建筑也以对着菜坞尖为多，因而形成了象征小熊座、仙王座、仙后座以北极星座为中心遥对着御夫座的紫微星座形，显示出中国东方文化深厚的底蕴。

另外，源心村还在上、下村中各按八卦的方位建了一口水井，对应前溪绕过村庄。这不得不让后人对先人产生敬仰之情，正是这两口水井（龙眼），起到了八卦定乾坤的作用，使整个村庄的布局成为完美的构造。村里还在农作物需要灌溉的地方挖了几方水塘，以保证粮食的丰收，这都是了不起的杰作。上、下村还在主要的道路上铺垫了小块的石头，筑成"石子路"，供行人行走，这也是村里重视基础建设的一大举措。

历史上，在重视文化教育事业发展的同时，村里人还十分重视集体公益事业的建设。集体事业办得相当出色，与其他村庄相比，其理念要先进得多。而且，在近代历史上，村里很早就办起了私塾学校，祖祖辈辈重视文化知识教育和农副业全面发展是这里的特色。

源心人历代都相当尊师重教，也特别重视经商。尤其是对子女儿孙的教育，当作头等大事来抓。早在1949年以前，村里就建有学校（完整的小学部），小商店、豆腐店、加工厂、粉干加工点也应有尽有。中华人民共和国成立后还建有大礼堂1所（俗称仓库屋，有前、后、中三进各三间，共九间）、医疗站1所和供销代销店2所、理发店1所、打铁店1所，以及养猪畜牧场多所、养牛场多所和森林养护场1所，同时新建和扩建了学校1所，创办了文艺宣传队1支。上、下源心村还各建有祠堂屋2所，而且村庄中青砖碧瓦之高楼建筑占半数以上，雕栏玉砌之房子也不在少数。特别是上源心田里1房，还建有"集义堂"花厅1所，大厅建筑华美，用料讲究，集江南传统徽派建筑风格于一身，是近代徽派建筑的活化石，可惜在1984年移民时尽被拆毁，风光不再。

一、源心村各堂房分衍情况

古源心村在六个世纪前，邓姓祖辈从建德邓家村分衍过来后，经过艰苦的拼搏和努力，子孙后代人丁兴旺，村庄规模发展迅速。邓姓自"良"字行辈高祖定居源心福地后，至1984年村庄迁移前，六百余年来，共发展有六大房人口。计上、下源心各立三个香火堂的房头，仅邓氏一族便有人口近400人。全村人口则发展至500人左右。后有王姓、方姓等户加入，便被列入下源心的上堂房一系。其后裔分堂房关系如下：

分布在上源心三个堂房的主要有：

（1）大门里——

邓金木、邓小潮、邓康年、邓永坤、邓土金、邓兆良、邓兆泉、邓朝富、邓兆洪等户。

（2）上高房——

邓余福、邓余庆、邓余仂、邓余昆、邓土银、邓荣贵、邓荣富以及唐友昌等户。

（3）上田里——

邓兆熊、邓兆荣、邓兆祥、邓永钟、邓永奎、邓永标、邓志标等户（堂名"益山堂"）。

分布在下源心三个堂房的主要有：

（1）上堂房——

邓金喜、邓金成、邓金土、邓老大、邓永康等户，以及王锡照、王锡勤、王锡松、王锡余、王友明、王志明、王发良等王姓之户和方金贵、方志清、方汝源、方土源等方姓之户。

（2）中堂房——

邓如庆、邓如福、邓如哉、邓如贤、邓如梅、邓志康、邓秋康、邓秀康等户。

（3）后堂房——

邓石根、邓有根、邓土根、邓发根、邓木汉、邓木清、邓木汝、邓先美、邓彩祥、邓红群等户。

注：以上六个堂房中所列之名单，排名不分先后。

因不知所列人员年龄，恳请谅解。所列之名单，以移民时参与统计的人员为准。

移民前已经离世的名字不列，移民时父亲健在的以父亲为准，子女之名不列。还有未列入之户，非作者有意，这里只取部分有代表性的，望诸位未列入之户谅解。

二、源心村重教办学情况

源心村是个天灵地杰之处，历史上祖祖辈辈都非常重视对子女的文化知识教育。早在民国初期，村里就办有完整的中心小学（各个年级的班全都开课）。中华人民共和国成立前，因没有建造专门用来教学的学校，教室便设在村民家中，师生们先后在邓喜根、王锡南、邓兆祥等多个家庭中开课。为了提高教学质量，学校还从外地聘请主要的授课老师，教学工作相当规范，教育设施也较一般的村庄齐备。所以教育质量也不错，使很多学子受益。

中华人民共和国成立后，因经过土地改革运动，集体从富裕人家征收了不少房子，学校便相继迁进了这些所谓的集体房子中继续上课。但是，因中华人民共和国成立初期，社会上运动频繁，从土改开始以后阶级斗争一直不断，所以中心小学授课的老师调换也比较频繁。

从20世纪50年代初期开始，一直到"文化大革命"以后这段时间，因上学的学生人数比较少，学校很多时候是一位老师在执教。教学的模式以复式开班为主。老师大多在一个教室兼任两个或两个以上年级学生的课，有时候甚至更多。因而，那时老师们的教学工作相当辛苦，要轮流教不同的年级。而且那时生活艰苦，他们的薪水少得可怜，往往难以糊口和负担家庭，因此，学校便规定每星期六天，由各学生家庭轮流负责老师的用餐。那个时候学校的教学模式，是每个星期上课五天半，所以，老师们必须由学生家庭管饭六天。

但是，从中华人民共和国成立以后，学校的老师增加了很多本村的人，当然，外村聘请来的也有不少。

"文化大革命"以后，随着社会的不断发展，到校读书的学生人数不断增多，老师人数也开始逐渐增加。学校最多时有四五位老师在教学，有时还要聘请代课老师前来帮忙。

20 世纪 70 年代末，学生人数不断增多，原有的校舍已不适应教学。村里便筹集了一部分资金，在村东面的学堂源山麓开出一块广约五亩的地基，在此地基上独立建造了一所崭新的学校（小学部）。整个建筑面积约为 300 平方米，配置五个年级的教室，老师的办公室和体育器械室基本配备齐全，村里为此还特意新增了师生所用的新桌椅上百套。

源心村人有志气，建校时没有伸手向国家要一分钱，完全靠着自力更生、艰苦奋斗的精神，完成了整个建校工程。而且，新学校的建筑为西洋房式，玻璃窗户，油漆门面，这在当时是了不起的大手笔。

因当时小学阶段是五年制教学，学校按需要开设了所有五个年级的班级，并且配备了充足的师资力量。重视教育的源心人硬是把学校建成了当时全公社甚至全区的一流学校，成为周边村庄的香饽饽。一时间周围村庄的许多家庭也把孩子送到这里来上学，以至学生人数大增，最多时达到一百多人。这个时候，任教的老师有邓木汝、王品良、陈寿芳、邓小明、徐正元等多人。

据不完全统计，仅从 1950 年到 1984 年全村向外迁移的这 35 年中，曾经在源心村执教的主要老师就有 14 位，他们的名字所列如下：

邓有根（1950—1953 年），为本源心村人，后调至寿昌县任教，再调至建德县文化等部门工作。

王志光（1953—1955年），为里王村人。

张敬荣（1955—1958年），为寿昌集镇人。

金爱娟（1958—1966年），为桐山后金村人，后调至乡校任教。

董庆生（1966—1967年），为前方卸榔头村人。

包仁伟（1967—1969年），为上包村人。

王品良（1968—1984年），为本源心村人。

邓木汝（1969—1984年），为本源心村人。

陈寿芳（1970—1984年），为芝堰村人，后调至乡校任教。

邓小明（1976—1978年），为本源心村人，后调至建德工业系统工作。

钱远征（1970—1974年），上海知青，为源心村王锡松的外甥女，后调离源心村，赴杭州市工作。

徐正元（1970—1974年），为殿后徐村人，当时与源心同大队，算为同一村的人。

邓永茂（1970—1971年），为本源心村人。

邓兆祥（1982—1984年），为本源心村人。

另外，本村的邓友琴、邓亚平等人都曾经短期在校代过课。以上括号中的数字为各人的任教时间。

三、源心村村办实体情况

在20世纪50年代至70年代，源心村的集体事业办得有声有色，村办事业中不但有商业，还有教育事业、农副业和畜牧业。村里除了有学校、商店、医疗站外，还先后创办了铁店、理发社、养猪场、养牛场、林场、榨油坊、碾米的磨坊、夜校扫盲班等。后来又开办了加工厂，组建了文艺宣传队等。同时，还安装了柴油机等发电设备。

源心村的养猪场在当时是一个不错的村办实体，到20世纪70年代中后期，毛猪存栏数多时竟达上百头，耕牛最多时也有数十头。林业队为村里种植了上千亩林木，大量的树木为村里集体经济带来了很大的收益。养猪场和林业队（后来称林场）一样，也为集体的经济带来了很好的效益。多年来，村里不但在林场里配备了专业人员对林木进行护理，还建立了民兵应急小分队等协助管理。

同时，早在20世纪50年代初期，源心人便用发展的眼光看世界，除了正常创办学校外，还开办了夜校脱盲班，帮助不少村民学习文化知识，脱离文盲。20世纪50年代中期，夜校的首位任课老师由村小学教师张敬荣担任。

夜校开办后，激发了全村男女老少学习文化的热情，既帮村民学习时事和补习文化，又使不少人摆脱了文盲和愚昧。以至后来，源心村创办了文艺宣传队，大批演员骨干能登台演唱，这都得益于夜校脱盲班的培养。

随着形势的进一步发展，源心的夜校一直坚持办到了20世纪80年代初期才解散。应该说，在20世纪50年代开办的夜校脱盲班，是源心人思维超前的一大进步。

"文化大革命"以后开办的村中实体更多，根据有关资料整理如下：

（1）代销点——20世纪70年代后期开设了2所，上、下源心各设了1所，下源心村设在周翠莲家，上源心村设在邓会明家，由周翠莲和邓会明各自负责经营。

（2）医疗站——20世纪60年代末期和70年代初期开设过3所，设在下源心王品良家和邓卸美等家，由王品良和邓卸美负责经营。20世纪80年代后期，邓发康也在家开办过家庭医疗站。

（3）打铁店——20世纪60年代后期开设过2所，设在下源心应汝明家和王德芳家，由应汝明和王德芳两人负责经营。

（4）理发店——20世纪70年代初期开设1所，设在上源心邓余喜家，由邓余喜负责经营。

（5）养猪场——20世纪60年代后期开办，前后开办过五六处之多，设在集体猪场。上、下源心村主要由邓炳荣、叶田松等人负责饲养和管理。

（6）民兵应急分队——20世纪70年代后期成立，设在村委会中，由下源心方维鳌担任队长，并且负责日常安保工作。

（7）林业队——村办林场。20世纪70年代后期开办，由邓友仁担任林业队长。邓永坤、邓兆良、邓志标、邓老大、邓永康、王宝金、邓会平等成员为骨干队员。林业队场址建在村西接湾里布袋坞山麓，距村子约有五公里的距离。林业队员们开山造林上千亩，种植林木上百公顷。一直从接湾里布袋坞植树到黄铜山、兹桐坞、大坪及十二曲村交界处一带。大量的林副产业，为村里的集体和村民家庭增加了不少经济收入。

（8）加工厂——20世纪70年代初期，源心村建起了4间崭新的加工厂厂房，并购置了柴油机、脱粒机、粉碎机等设备，办起了大米加工厂。加工厂里还配置了加工番薯的机器等，结束了源心人靠用牛碾大米的历史。

到了20世纪70年代中期，源心村又添置了大功率的发电机，用柴油机进行发电，保证了村里的生活用电。不久又出资从建德拉来电网，使村里人真正摆脱了不通电的历史。当时村里的加工厂，由叶廷光、王德芳两人负责管理和操作。

值得一提的是，历史上，源心村还建有榨油坊（俗称"麻车屋"）、碾米坊等。榨油坊不但能加工菜籽油，也能加工山茶油和桐油等，碾米坊用牛拉石磙碾米，虽然比较原始，但碾出来的大米非常清香。当时的源心村，正是因为有了榨油坊和碾米坊加工粮油，所以粮食和食油基本能自产自给，这不但方便了村民的生活，有时还方便了周围村庄的村民。

在"文化大革命"期间，村里为了配合政府对样板戏大力宣传的需要，还办起了演唱婺剧的文艺宣传队。文艺宣传队由村民自发组织，村里给予经济上的支持，结果办得有声有色。宣传队在创办的同时，还培养了一大批婺剧文艺骨干。

宣传队办起来后，活跃在金华、兰溪、龙游、建德等周边不少乡村，演唱《沙家浜》《智取威虎山》《红灯记》《红色娘子军》等样板戏。文艺宣传队还结合形势，用多种形式、多种方法表演，有时候居然婺剧、歌剧、京剧、"文化大革命"时期的红色歌曲一起上，节目丰富多彩，生动活泼，非常吸引人们的眼球，受到了广大老百姓的欢迎，在那个年代，为广大人民奉献了一份精神文化大餐。

源心村的文艺宣传队创办于1967年，历时三年之久。宣传队里的主要负责人为邓木汝，村里主要负责人为邓友仁。邓友仁当时担任村大队长，代表村里管理宣传队。邓木汝负责宣传队的日常工作后，村里踊跃参加宣传队的青年男女很多，结果只能择优挑选了30余人，可见演员阵容相当庞大。经过两年多的运作，宣传队红红火火，遍地开花，业务繁忙，应接不暇。但后因主要成员王品良于1968年调任村中心小学教书，主要负责人邓木汝也于1969年调任村中心小学教书，宣传队一时失去了两大主要成员，无奈于1969年底解散。

据不完全统计，当时参加过宣传队演出的主要成员有邓木汝、王品良、邓永红、邓志刚、邓永茂、邓永发、邓杜康、邓志清、方汝源、王德芳、王宝金、王发良、王庆标、方维娥、王土美、王月娥、赵美兰、邓爱娥等人。（此名单排名不分先后）

20世纪70年代后期，方维鳌、邓小明等人欲继续创办文艺宣传队，但因后来邓小明赴建德工作，创建工作再次搁置，这个时期有邓澍萍等人加入。

20世纪70年代后期，源心村还开办了广播室，添置了高音喇叭宣传国家时事，这在当时也是比较超前的一个举措。

古老的源心村，学风淳朴，是人才辈出之地，仅国家恢复高考以后到1984年这短短的几年之中，就有10余人考上高等学府，并且有三四位后来成为博士和硕士，有几位还留学国外，在当时闻名乡里。从这些可见源心人重视对子女文化教育之一斑，也足可以证明，源心村是一个人才辈出的地方。

四、源心村部分传统工艺或副业情况

源心村人在移民前有不少从事手工艺生产，除有木匠、泥瓦匠、油漆匠、铁匠、剃头匠、缝纫工等以外，还有不少民间的传统手艺值得一书。

以下选取部分介绍：

（1）榨植物油：采摘油桐籽、油茶籽和乌桕等，用它们来榨桐籽油、茶籽油等，菜籽榨出来的油，沁香扑鼻，质量上佳。

（2）扎蓑衣草绳（"蓑衣草"方言叫"岩衣草"）：用蓑衣草扎草绳，在一般的家庭非常普遍，这种草扎起来的绳子强度高，不易腐烂。但是这种草大都生长在悬崖峭壁上，不易收割。所以，人们往往冒着生命危险去收割，许多人为此而丧命，这实在是当时贫穷社会的一大悲哀。

（3）做草鞋：用稻草、柴皮和破布条等做草鞋，草鞋在"草鞋床"上加工而成。草鞋，尤其是稻草做成的草鞋最适合山民在山上劳作，因为可以晴雨两用，而且穿草鞋走山路也不会打滑，安全性高，穿在人的脚上既柔软又舒服。

（4）草编工艺：用山上的茅草或玉米衣等物制成各种生活用具和工艺品，小的有编织袋、手提包、菜篮子等，大的有箩筐等，产品多样，艺术性和观赏性很高。

（5）打玉米：丰收的玉米采摘回来以后，因为数量多，必须用打玉米的方法脱粒。这种方法是力气活，把成堆的玉米堆放在地上，用坚硬的木棒把玉米粒打下来，然后剔除打碎的玉米芯。玉米衣还可以用来编织各种生活用具和工艺品，玉米芯也可以有多种用途。

（6）造水车：水车是抗旱中必用的重要工具，由脚踏木磙、车轴、车厢、车架、车龙骨、车龙头等部件组成，用水车可从溪中等低洼处向高处提水。水车有单人踏的、双人踏的，也有三人、四人、五人踏的，有长有短，视需要而定。制作水车的水龙头、水槽、脚踏磙、龙骨等都是精工活，但当时一般的村民都会制作，而今看来，也算是一门高级手艺活了。

（7）精制茶叶：采茶叶，炒茶叶，把从茶树上采来的青茶叶通过烘炒制成成品茶，也是一门巧手艺。所制成的茶叶，既可以出售，又可以自己食用。茶叶品种繁多，不但有种植的，也有野生的。

（8）搓麻线：把榆麻皮搓制成麻线，用来做鞋等，也是一门巧手艺。麻皮必须用榔头等工具打烂，然后用专用的瓦罐片搓成细麻绳，俗称"鞋底线"。

（9）做山豆腐：采摘山上野生黄栗，把它做成凉粉、山粉豆腐等，是一门不错的传统手艺。这类食品营养丰富，口味上佳。

（10）纺棉线：用传统的纺车，把棉花纺成线，这是一个很费时费力的活。等到纺成线后，用颜料染制成各种不同颜色，再用简单的织布机织成粗布和布带等，并在布上用颜料喷出图案，一般印出的布花白色的比较普遍。

（11）修眉毛：姑娘们成年了以后，有的因眉毛比较浓密，需寻找有修眉这一手艺的人来把眉毛修理好。这一手艺，村里大部分的妇人都会。

（12）磨豆腐：用专用的石磨将豆类磨成豆浆，经特殊烧制以后加工而成。豆腐还可以加工成许多其他品种，有普通水豆腐、豆腐干、豆腐皮、豆腐饼、茴香豆腐和油炸豆腐等，也可制成千张、豆浆等。

（13）扎藤制工具：将山藤制成箩箍、酒坛箍等，用来挑箩担和挑酒坛，这是一种很不错的工具，既轻便又牢靠，有的还用山上萝藤扎成椅子等家具，非常实用。

（14）扎扫帚：用竹子的枝丫和其他替代品扎成扫把、竹笆等，也是一门手艺，村里大部分人都会。

（15）建瓦灶：建简单的瓦灶，烧制建房子用的青砖和土瓦。当年在村里建造房屋时，许多村民都自己烧制砖瓦，这种手艺一般为泥瓦匠所掌握，所建的瓦灶就叫"土瓦灶"。

（16）烧木炭：为了抵御冬天的寒冷，村民们需要自己上山砍柴烧炭，这是一门手艺活，但也被一般的村民所掌握。

（17）挖水氹：早期，为了保证农业生产不受影响以及旱涝保收，村民们还在溪中干枯的地方挖水潭抽水或车水（一种用原始脚踏的方法，借用水车输水）。所挖的水潭称为"水氹"或"水眼"。

（18）制弓弩：因山区野兽较多，特别是野猪常常捣毁农作物，村民们便自制弓弩抓野兽。弓弩大多用毛竹所制，在猎物经常出没的地方下个套，等到猎物上钩时，用结实的绳子把它套牢，然后再把猎物提吊起来挂在空中，等它失去抵抗力时再拉回来。

（19）制酒曲：用野生的老虎草（俗称"簝草"）制成酒曲，用来酿制水酒，也是一门不错的手艺。用这种酒曲酿制成的水酒，清香扑鼻，沁人心肺。

第七章　历史贡献一览

一、为支援剿匪作贡献

源心村在近代历史中，为人民的解放事业和新中国的建立做出过不少的贡献，这是可歌可泣的一段历史，也是值得后人追忆的一段历史。

20世纪40年代，世界人民反法西斯战争胜利和中国人民抗日战争胜利后不久，国民党反动派为了一党独大，与共产党翻脸，并一意孤行地挑起了内战，全面向共产党解放区发起进攻。蒋介石集团为了窃取抗战的胜利果实，妄图一手遮天，以独裁者的身份统治中国，其行径遭到了举国上下的竭力反对。

眼看中华大地再度遭到创伤，于是，中国共产党人成了拯救民族危亡的中流砥柱。这一场国共两党从携手抗战变成兵戎相见的战争，持续了三年之久。

一时间，茫茫神州动荡不宁，许多枭雄趁乱而起，许多匪徒啸聚山林，占据地盘，建立自己的地方武装。尤其是到了解放战争后期，国民党反动统治集团被中国人民解放军打得落花流水，眼见大势已去，无力回天，却又不甘心失败，便纷纷组织力量，潜伏各地，妄图借此积聚实力，以便东山再起。

当时，盘踞在建德马目、邓家和源心一带的国民党集团有两股反动武装势力。一股是当地匪首邓维良领导的土匪势力，一股是丁谷、王之辉指挥的国民党反动集团的省保安部队残余势力。两股势力相聚在邓家、源心一带危害乡里，给当地的人民群众和刚刚建立起来的新人民政府带来了严重的威胁。

邓维良，俗名"东东"，为土生土长的建德邓家人。早年曾混迹于国民党的军队中，国民党集团败退以后，他脱离了军队，在家乡一带拉起了队伍。于是，纠集胡海松、鲍卸贵等一帮地痞混混，组成了地方武装组织，他们自封为"救国军"，在邓家周围一带危害乡里，横行霸道，搞得四乡八邻鸡犬不宁，人心惶惶。

由于邓维良坚决反共，被国民党反动集团看中，任命为"救国军"司令（因为队伍中的成员不多，只有百余人，实为一个大队的总队长）。邓维良担任"救国军"司令以后，任命手下主要头目胡海松和鲍卸贵分别担任大队长。这股地方土匪势力虽然人数不多，但都是一些当地的亡命之徒。因熟悉周围村庄和山脉地形情况，他们像幽灵一样，盘踞在邓家一带的山岭间，时不时地出来骚扰敲诈百姓一番，危害极大，当地百姓苦不堪言。

因邓家之地所处地形独特，与梅城、寿昌、兰溪三地交界，所以，邓维良等人的势力后来便扩展到了梅城、寿昌、兰溪等局部地区。他们杀人放火，无恶不作，危害乡里，老百姓却敢怒而不敢言。

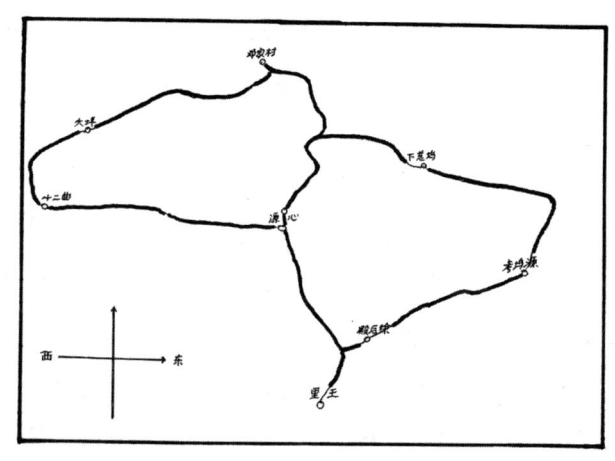

源心村与周边邻村之地形对应轮廓图

中华人民共和国成立后,人民政府对这股土匪势力进行了坚决的打击,邓维良等邪恶组织在负隅顽抗后,看到了人民解放军势力的强大,便纷纷出逃。后来,邓维良本人在逃亡中国台湾地区的途中,被人民解放军在上海截获,不久后解回家乡伏法。

丁谷是浙江省保安司令部中校参谋,兼桐庐、建德联防办事处主任。王之辉是浙江保安司令部第三突击大队兼富春江突击支队大队长。他们的队伍是国民党军队的残余势力,是原属浙江省保安司令部领导的保安部队,他们手下有几千人马。这支军队原盘踞在建德梅城和桐庐七里泷一带,先前在人民解放军强大的军事攻势下,变成了丧家之犬。虽然眼见败局已定无力挽天,但他们又不甘心失败,铁着心不肯放下杀人的屠刀,因此,死心塌地与人民为敌,妄图顽抗到底。

丁谷和王之辉这两个走向穷途没路的人,原本已成丧家之犬无处可去,正巧当时国民党邓家伪政府的乡长邓昌根,因惧怕共产党解放军剿匪大军的压境，便把他们请到了邓家来，想借此保护自己的势力。所以，丁、王二人便携带部队趁机来到了邓家村和桥亭村一带驻防，与伪乡政府的人沆瀣一气，祸患乡里。丁谷、王之辉这一股匪军原是省保安团的老底子，武器装备优良，军事实力很强。他们猖狂地在寿昌、建德以及兰溪的交界处一带山林活动。当时，寿昌、建德、兰溪等几个县的人民政府都奈何不了他们。

邓家、源心一带的老百姓在丁、王之部到来之后，更是深受压迫，苦不堪言。本来就在土匪祸害下饱受苦难的老百姓，望穿双眼地盼望着有救星来拯救他们。哪里知道，盼来盼去，却盼来了一股更大的匪军，遭受到更大的劫难。所以，他们渴望着解放军这支人民的队伍来为民除害。等到后来共产党解放军来拯救他们时，他们是相当拥护和支持的。

据有关资料显示，寿昌县城和建德县城（梅城镇）都是在1949年5月解放的。

1949年4月29日，中国人民解放军第二野战军第三兵团下属第十二军，在军长王近山的率领下，从皖浙边境挥师一路抵达淳安，以摧枯拉朽之势，横扫了浙皖边境的国民党部队和地方残余势力。败退后的安徽境内国民党武装力量纷纷经淳安、建德、寿昌一路向南而逃。

5月4日，解放军第二野战军第三兵团第十二军第三十五师师长李德生率师部及所属的一〇三团、一〇四团、一〇五团挥师建德，于5日抵达梅城镇。

在中国人民解放军的强大攻势下，国民党的残余势力成兵败如山倒之势。所谓的守城军队一见到大军压境，马上逃得无影无踪，真是风声鹤唳，一溃千里，斗志全失，纷纷瓦解。当日未来得及逃走的国民党建德县保安团副司令何定扬及下属100多名官兵，怯于中国人民解放军的强大力量，只得缴械投诚。自此，建德县全线解放。

1949年5月5日，中国人民解放军第十二军第三十四师，在师长尤太忠的率领下进驻寿昌镇，扫平了国民党的一切势力，寿昌县宣告全线解放。同日，共产党浙东游击总队金萧支队的干部团和解放军南下干部团的成员也先后抵达寿昌，为接管和巩固人民政权起到了定海神针的作用。

1949年5月14日，寿昌县人民政府成立。解放军第三十六师民运科科长张丙辰担任寿昌县新人民政府第一任县长。5月25日，中国共产党寿昌县委成立，由严衢大队大队长李铁峰担任新成立的县委委员会第一任书记。

5月8日，中国人民解放军浙东游击总队金萧支队第五大队100余人，在副参谋长陈相海的率领下抵达梅城，建立了中共浙江省第四地方委员会和浙江第四专员公署。

5月24日，解放军南下干部团也相继抵达梅城，中共新建立的建德县委员会和建德县人民政府于该日成立。孙汉杰任第一任县委书记，陈相海任第一任县长。

早在1949年初，建德、寿昌两县境内的国民党军警人员，在中国人民解放军大军压境的强大攻势下，就已经成了惊弓之鸟。自5月3日开始，国民党第七十四军200多名官兵便逃离梅城。国民党县党部、县政府、警察局、中统局等机构全都逃离梅城。自此，建德和寿昌两县的国民党政权，实际上已经陷入了彻底覆灭的境地。

5月4日，国民党保安部队第四十八师司令部200余人溃退到建德与淳安的交界处高岭上（即今洋溪街道所辖）与解放军相遇。翌日，他们与中国人民解放军第十二军三十五师一〇五团三营发生了交战，后被中国人民解放军击溃，大部分人员被歼，余下的残部向白沙方向溃逃。

当日，中国人民解放军第十二军三十五师先遣部队和侦察连300余人向建德进军。同时，李德生师长率三十五师师部和下属三个团到达梅城镇。建德解放后，三十五师随即挥师兰溪、金华方向。

此时，中国人民解放军第二野战军第三兵团第十二军三十四师在淳安境内完成歼敌任务后，奉命进军寿昌。5月5日寿昌解放。然后，三十四师也挥师兰溪方向。

1949年5月24日，中共浙江省派出南下干部七大队第五中队90余人抵达建德梅城，与驻军和接管建德的办事处人员会师，成立了建德县委员会和建德县人民政府。25日，七大队四中队60余人抵达寿昌，与驻军和接管寿昌的城工组会师，成立了中国寿昌县委员会和寿昌县人民政府新的领导机构。

盘踞在邓家一带的丁谷与王之辉之部，见局势危急，形势对自己相当不利，便勾结邓维良等人妄图以邓家、源心一带的深山密林为基地，负隅顽抗，以与新成立的人民政府进行对抗。

为了使新人民政府和老百姓的利益不受侵害，中国人民解放军第三十五军一〇五师三〇一团承担了清剿邓家一带匪患的任务。三十五军隶属人民解放军第三野，军长是吴化文，他亲自率军从山东一路南下金华指挥剿匪战斗。而担任剿灭匪患任务的是随军的第一〇五师，师长是何志斌，政治委员是宋宪章。

建德、寿昌相继解放后不久，邓家剿匪战斗开始。当时，北面有大军从马目、新旧岭等方向向邓家村包抄过来。南面的大军从寿昌县新叶村（现建德新叶村）经芝堰一路向邓家村进军，意欲南北夹攻围歼匪军。

当南面大军进军邓家时，必须先经过源心村，可等到他们进军至源心村时已经是晚上了。因为剿匪大军对这一带人生地不熟，剿匪战斗一时受阻。

当源心村的人了解到人民解放军是来剿匪的，因天黑地形不熟悉遇到了困难后，村民们便纷纷挺身而出，许多年轻人站了出来为解放军队伍当向导，还有的年轻人为大军送粮送水，为人民军队的后勤提供有力的保障。当时，为解放军做向导的村民主要有邓金玉、邓树连等十余人。

源心人引导大军从两个方向进军邓家，为避开匪军的明哨暗岗，他们放弃大路，从渺无人烟的山林中穿行一夜。一路从村子的东面经吴坞、老头山，转下慈坞，再翻过桥坞等山出兵包抄邓家村。另一路从村西经十二曲，过大坪村进军围攻邓家村，因山高路险，剿匪部队原本只有区区六七华里的路程，竟整整走了一夜。

剿匪大军经一夜的跋山涉水，不顾山高路远坑深，终于在次日早晨按时与从北而来的军队汇合，以左右夹攻之势包围匪军驻地，直捣匪窝，向匪军发起了强有力的进攻。结果，人民解放军顺利地歼灭了敌军的有生力量。除匪首丁谷、王之辉等几位保安团的要员漏网外，其余的匪军残部人员大部分被歼或被俘。此一战，土匪匪首邓维良凭借着对周围地形环境的熟悉，成了漏网之鱼，大队长胡海松等人相继落网。

剿匪战斗胜利后，解放军部队指挥部的首长们，高度地表扬了源心村人为人民的解放事业所做的贡献。

但是，由于当时匪患没有被彻底清除，在此后的一段日子里，还有少部分的匪军逃进深山中活动，成了人民政府的心头之患。为了彻底地消灭匪患，保证人民群众的生命安全和巩固新中国的胜利成果，人民解放军再次派军来此清剿残敌。

1950年三四月间，当政府发现还有少数漏网的匪军再次啸聚源心、邓家一带深山密林中活动时，又派军清剿，同时组织了当地不少青壮年参加战斗。当时，源心村有邓顺贵、邓老大、邓金成、邓红群等二十多位成员参加。

因匪军人数不多，负责这次剿匪任务的是人民解放军的一个排，排长叫金鑫，是义乌人。后来，实际上全权指挥战斗的是一位连长，姓名不详。该连长来后，迅速带领大家从源心的接湾里出发，然后从布袋坞到黄桐山一带侦察敌情，后又从慈桐坞转向十二曲等地一路追踪敌人，最后一路把匪军追赶到尖坞山上去。由于匪徒人数本已不多，且以分散的状态躲藏在茫茫的大山中，因此最后逃得无影无踪而未能被抓获。

估计是顽匪们惧怕大军再次来征剿，自此以后便全都逃走了，从此邓家一带再也见不到匪患的踪影了。后来，人民政府在邓家村将匪首邓维良等一干人公审后执行枪决，彻底扫平了邓家一带的匪患，为人民建立了一个和平安定的社会。

邓家的剿匪运动，虽然没有惊天动地，但源心人功不可没。人们将永远记住这段历史。

二、支援国家经济建设

中华人民共和国成立后，国家因经过长期的战乱和遭受各种战火的严重破坏，资源匮乏，经济萧条，必须马上着手于全面的经济建设。由于中华人民共和国成立不久，经济基础等各方面全都面临着重重困难，所以需要举国上下全民族共同努力建设。因此，支持国家的经济建设事业，也是源心人义不容辞的责任。源心人在这方面也有值得表彰的一面。

随着人民解放战争的步伐不断推进和抗美援朝战争的爆发，人民解放军野战部队充入了大量的兵力，据有关资料显示，军队兵力最多时竟达500多万人。投入了如此多的兵力，就需要大量的战备粮食和装备支持。所以，支援国家建设和军队建设的任务被下达到了各地。

政府有难，八方支援，更何况这是国家的需要。于是，源心人响应国家号召，积极行动，为国家捐物捐粮。当时在寿昌县开展的为军队募捐运动，为军队筹措了大量的粮食物资，为军队的建设极尽所能，奉献出了大量的物资。

据有关资料统计，自1949年5月至7月三个月之间，一个小小的寿昌县就为国家筹措了约470000斤粮食，分别送到中国人民解放军三十二师和三十六师军中，为人民军队的建设做出了巨大的贡献。同时寿昌县还募集物资慰问军属，共计大米9000多斤、稻谷14000多斤、杂粮4500多斤。而在筹措这些粮食和物资的同时，邓家乡面临的压力非常之大。为此，源心村倾其所有，承担了整个邓家乡上交粮食50%以上的任务，献出各种杂粮和大米共30000多斤，这是源心村为国家的建设做出的一大贡献。

1950年春夏之际，寿昌、建德等一带区域遭遇了饥荒，老百姓面临大面积的缺粮。寿昌县在没有财政要求的情况下，竟然发放了救济粮73000多斤，发放粮食种子8000余斤。但粮食发出后，到年底时因县政府缺粮，需要重新向农户征粮106000余斤。因当时老百姓普遍缺粮，县政府在征粮的运动中遇到了重重困难，任务难以完成。源心村见此，又积极响应国家号召，支援国家各种杂粮10000余斤，这是对社会主义建设的又一个贡献。源心村牺牲自我、奉献国家的行为，受到了政府的多次表扬，展现了源心人以国家为重的高风亮节的情怀。

1950年以美国为首的联合部队,悍然发动了侵朝战争,把战火烧到了我国边境。为了保护新中国的胜利成果,中共中央和中央军事委员会毅然发出"抗美援朝,保家卫国"的动员号召,不久便快速组建了中国人民志愿军赴朝作战。随着抗美援朝战争的不断升级,前线需要大批的志愿军兵员。到1950年12月底,寿昌县积极响应国家号召,发动了1000多名热血青年,报名参加中国人民志愿军和人民解放军,最终为人民军队输送了500多名合格的兵员。当时,源心村也有四五名青年应征参军,投入这场轰轰烈烈的抗美援朝和军队建设运动。

1951年秋,由于大量的中国人民志愿军赴朝参战,军队面临着很大的压力,物资匮乏,粮食短缺,给刚刚建立不久的新中国带来了史无前例的困难。因此,党中央和毛泽东主席向全国发出指示,号召举国上下咬紧牙关,全力以赴地开展支援人民军队建设的运动。寿昌县积极响应号召,立即行动为军队筹措粮食物资。仅12月9日至14日这短短的6天,就完成了100多万斤粮食的入库任务,这其中也有源心村的一份功劳。当时,源心人再一次倾其所有,把自己的口粮和种子都拿出来奉献给国家,为政府凑足了10000余斤粮食,不但完成了国家任务指标,还额外为国家多筹集粮食上千斤,因而受到了县人民政府的嘉奖。随后,寿昌县也得到了浙江省委的高度表扬,这其中源心人功不可没。

正因为有像源心这样为国家肯付出、肯牺牲、肯奉献的村庄积极奉献,参与国家建设,20世纪50年代,邓家乡的工作才能做得出色。后来,由于邓家乡的合作化运动搞得好,还得到了毛泽东同志的肯定,毛主席在《中国农村的社会主义高潮》一文中专门为"合作化模范邓家乡"写了按语,这其中源心村的功劳是不可磨灭的。

三、参加灭螺工作

源心村的水系，与相邻的邓家、芝堰等村同为甘岭的支流，水源发源于建德甘岭和新旧岭山脉。因上游山涧水沟常年阴冷潮湿，光照不足，滋生了钉螺，直接影响了下游村庄人们的身体健康。正因如此，1949年以前这一带的许多青壮年劳动力，因深受血吸虫的危害而早逝。中华人民共和国成立后，人民政府非常重视灭螺工作。

1955年10月，毛泽东主席在杭州对血防工作做出了重要指示。当年11月，毛主席发出了"一定要消灭血吸虫病"的伟大号召。早在1955年初，毛主席在听了卫生部门负责人的汇报后，便高度重视江南局部地区消灭血吸虫病工作。

1958年，毛主席看到6月30日《人民日报》发表文章说："江西余江县基本消灭了血吸虫，十二省、市灭疫大有希望"。激动之余，欣然命笔，发表了《七律二首·送瘟神》。接着，在全国掀起了一场声势浩大的灭螺工作。这个时候，源心村已经被划归兰溪县管辖。

二十世纪六七十年代以后，兰溪县政府高度重视全县范围内的血吸虫防治工作，坚决贯彻执行党中央的指示。县防疫部门在各地的摸底排查中，了解到甘岭支流水系源心水域是血吸虫的重灾区，并发现这里的水系大半在阴湿的山涧里流动，因为坑深草茂，阴冷暗湿，又处山谷之底，泉眼众多，易滋生钉螺。县防疫部门对此非常重视，便报请县里批准，由县卫生部门牵头，黄店卫生院以及芝堰乡卫生院配合，展开了轰轰烈烈的联合灭螺行动。

此后，兰溪县又多次发动群众开展声势浩大的灭螺运动，并多次派专家及防疫部门医护人员下基层一线指导血防工作。同时，还对疫区的人家挨家挨户逐一地走访调查。当时，在排查中发现里王、殿后徐、考坞源、下慈坞以及十二曲等周围几个村庄都有人患上血吸虫病，而且这些人都需要医治。于是，政府本着人道主义的精神，出资免费对所有患者进行治疗。因为需要治疗的人多时有五六十人，防疫部门由于条件有限，不能在各个村子里都设立医疗点，所以便把这些患者统一集中到源心村来医治。于是，这些人便都被安排在源心村的仓库屋里接受治疗，因为这里的房子是六十年代初期刚建造的，比较宽敞安全，且适合作临时医护所。很多时候，因专业医护人员们人手不够，便会让源心村派员帮忙。当时所有的村干部和村里骨干都上阵帮忙，前去的有邓先美、周翠莲等人，可以说源心人为此做了大量的工作。

在开展的多场灭螺运动中，源心村人发扬风格，敞开胸怀，发动全村的劳动力为血防工作服务。妇女们全体行动，轮流协助医护人员，对病人进行全天候的治疗、护理，并且为病人们创造最好的治疗条件。村里尽一切力量妥善地安置病人，为医护人员和患者们创造医治条件。村中还派出许多青壮年劳动力前往周边村庄协助医护人员对一切水源进行彻底灭螺，使得当地灭螺工作成为全区（当时县级以下设区一级行政机关，芝堰公社为女埠区管辖）的标兵。

这里必须赞扬一下当时的兰溪县政府的领导，正是因为他们的高度重视，响应国家号召，开展了轰轰烈烈的灭钉螺运动，才彻底消灭了血吸虫病。是他们的努力换来了今天水质的优化，使今天的水源成了全市以至于全省的达标优质水。

四、支持移民工作

中华人民共和国成立以后，随着社会的不断发展，为了摆脱经济困难，国家着重加强农业发展。但是，水利是农业的命脉，如果一个地方没有水源作保证，要想发展好农业，提高粮食产量是不可能的。

兰溪县的永昌、游埠两区本是出粮区，但常因缺水而影响农业的发展。20世纪70年代，县委县政府针对游埠和永昌两个区缺水严重，常常引起干旱，对农作物的种植带来诸多不便的问题，开始着手解决。政府意识到国家正处在以大农业为基础的时代，如不解决水利的问题，要想发展经济，只是一句空话。

怎样来解决水资源不足的问题呢？摆在政府面前的重要问题就是必须建设引水工程。那么，解决水利资源不足的首选方案，就是政府投资着手建造水库，从上游向下输水灌溉。于是，为了使农业增产，民众不再受缺水的困扰，兰溪县经多方科学论证，最后决定在靠市区西部的芝堰村上游建设一座中型水库，这就是我们今天用来改善水利设施、解决生活用水问题的芝堰水库。当时，芝堰水库为我市最大的水利枢纽，总蓄水量为2800多万立方米。

20世纪70年代初期，芝堰水库工程建设的初期阶段，源心村为了支援水库工程建设，为工程建设指挥部无偿提供了成百上千方的木材。因为芝堰水库大坝的工程是用黄泥筑坝心、石块垒外坡的，所有的黄土需要到三四公里外的三峰殿口上包岗去装运。当时因国家经济困难，现代化的汽车工具稀缺，所有的材料全靠人力独轮车运输，需要很多的杂木做车架。因此，最初的十余年间，源心人奉献给水库建设的杂木不少于几千方，其奉献精神可圈可点。

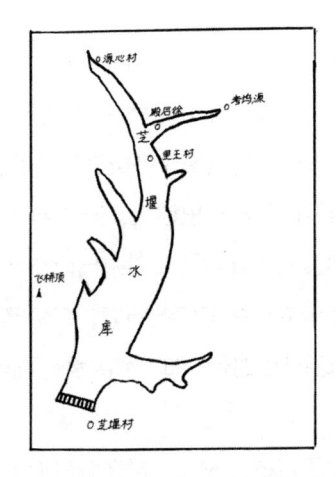

源心村与下游芝堰水库之地对应轮廓图

要建设芝堰水库，就得解决蓄水问题，水库要蓄水，库区里住户的生活问题就得解决。于是，县政府决定库区里的里王村、殿后徐村、上下源心村和考坞源村的一部分必须向外迁移。

移民安置工作是从里王村开始的，然后是殿后徐村，最后是源心村。当时根据县政府政策规定，里王村集中安置在芝堰乡范围内。殿后徐村由女埠区负责安置，除芝堰乡以外，分别由黄店、尖山等乡分散到各村去安置。源心村被安置到永昌和游埠两个区范围内，也是由各个乡镇分散安置到各村。当时，全村参与移民的有108户，全部被迁向库外分散安置。

政府号令一出，万民拥戴。源心村人毫不犹豫地执行，纷纷向永昌区、游埠区两地迁移。村民们先是把老房子拆了，家具等一切生活用具全部向新安置的村庄搬迁，然后，在新安置地按面积重新建造房舍。

源心村自良二公时代建造村庄以来，经历了从明、清、民国至中华人民共和国的变迁，任凭风云起，始终有序发展，岿然不倒。

中华人民共和国成立初期，源心村原为寿昌县管辖，所属为殿后乡直管，而殿后乡为当时寿昌县所辖的一个基层组织。但源心村1950年6月划归殿后乡后不久的同年8月，寿昌县便成立了邓家乡。于是，源心村又被划归为邓家乡管辖。

1958年，兰溪县人民政府为了解决城西女埠区、永昌区、游埠区以及溪西公社三区一社之地缺水易旱的问题，便报请浙江省人民政府批准，将源心村从寿昌县地界划出，划归兰溪县管辖范围。嗣后，便由兰溪县女埠区芝堰公社管辖。

1970年底，芝堰水库水利工程正式开工建设。不久后，水库开始蓄水，县政府便把库区范围内的里王村、殿后徐村、考坞源村一部分及源心等村先后向库外各地迁移。于是，四个自然村计1000多人（实际上当时为同一个大队）服从国家需要，从大局出发，为了支援国家建设，牺牲自己，分批向外迁移。

1977年，里王村全村开始向三峰殿口迁移。当时政策规定，里王村所有的移民户全部集中落实在芝堰乡范围内的殿口村，在上包岗新建一个里王新村。

1980年，殿后徐村开始向女埠区范围迁移。政策规定，殿后徐村移民户向女埠区各乡村分散安置，但不包括芝堰乡范围。于是，殿后徐村被分散安置。

1984年，源心村开始向永昌区和游埠区两个区域范围内的各乡镇迁移。模式与殿后徐村的安置方式差不多，也是被分散安插到各个乡镇的村子里。

源心村在移民迁移时，经统计，全村为108户，计499人，其中：

邓姓迁移户有76户，计363人。

王姓迁移户有22户，计100人。

方姓迁移户有5户，计20人。

叶姓迁移户有2户，计7人。

项姓迁移户有2户，计7人。

唐姓迁移户有1户，计2人。

另有少量人、户因此前已迁往外地定居，故此处未被计入其中。

源心村的村民除了向永昌区、游埠区两个区域迁移外，还有少部分家庭因工作需要等原因迁往杭州建德等地居住，他们包括：

邓余福户——迁往杭州建德更楼街道安家，迁移时全家5口人。

邓有根户——迁往杭州建德新安江安家，迁移时全家6口人。

邓金成户——迁往杭州建德更楼街道安家，迁移时全家6口人。

邓永良户——迁往杭州建德新安江安家，迁移时全家5口人。

……

还有邓永奎等户在1984年移民前就安家在杭州，邓兆富等户安家在兰溪市区，故此处不列入。

有打油诗一首可表：

源心本是一山村，锦绣山川有美名。

六纪辉煌村志载，千秋哺育几家人。
王方两姓同创业，邓祖之家力先行。
五百村民书史记，功归始祖定乾坤。

第八章 村民迁移情况

总体来说，源心村的人口并不算多，从整个村庄建筑规模和人口结构来看，只能算得上个小村庄。但是如果从村庄的整体布局来看，却是非常大气的，它非常有规律，虽然显得有些分散，但却是形散而神不散。

源心整个村常住人口只有区区500人左右，而左邻右舍住宅之间的距离，有的相隔距离竟达一公里之遥。加上从甘岭和旧岭下来有一条小溪，把村庄东、西隔开，使得村庄分隔成东、西两部分，于是形成了上、下源心和上高坪、古泥岩背、下新屋、樟荼坞、老头脚里和峰坞里等自然村。从南到北，住户之间相隔最远的有一公里之遥。

源心村整个古村庄的建筑布局，是非常有讲究的，笔者认为老祖宗在这方面有着超人的智慧。源心村上、下村庄依山傍水，相向而列，如两把椅子坐落在两边的山麓。上源心和下源心的中心点都背靠着山，面临着水，这水就是来自新旧岭水系的前溪；而上源心紧靠着梓树园山，有学堂源和杨柳湾两山左右为屏，护着村子；下源心紧靠后山坪，有竹坪山和畚箕山两山紧邻；加上有上高坪与下新屋村落相伴，按九宫八卦方位组成了古村落中一幅完整的紫微星座图，如下图所示：

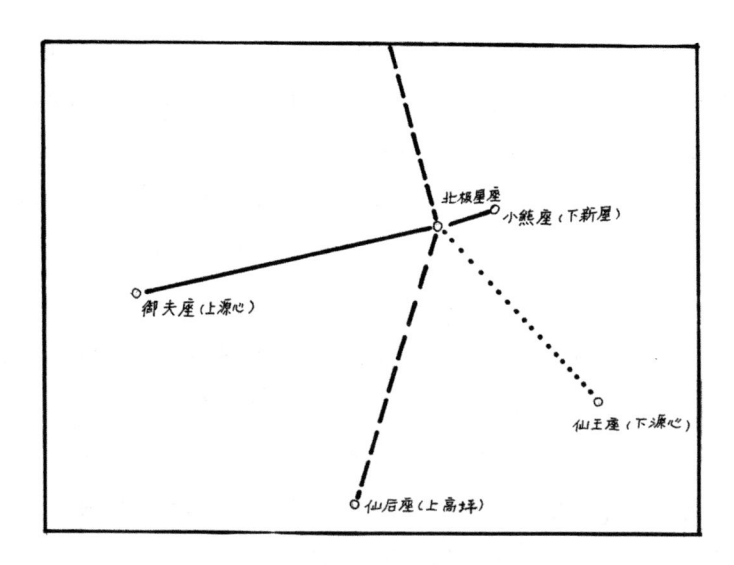

参紫微星系图

我们对应上面这幅紫薇星座区域图的方位来看可以发现：

上源心区域对应"御夫座"。因晨光照射偏迟，午后阳光充足，故为艮山之座。因为有水从上而来，是为出仕登科甲之"禄"地。

下源心区域对应"仙王座"。因晨阳映照得早，午后光照不足，故为泽兑之座。因为有水从后溪涌来，是为荣禄纳祥兆之"福"地。

上高坪区域对应"仙后座"。因地势朝阳，阳光充裕，西北泽兑水坎，故为天乾之座，因为后有竹坪山依靠，乃为喜庆安泰之"禧"地。

下新屋区域对应"小熊座"。因地势艳阳高照，东南风巽雷震，故为地坤之座，因有前后双溪水长流，是为多荣华富贵之"寿"地。

因此，由上图可以看出，其村庄布列十分讲究，以御夫座对应仙王座、仙后座和小熊座的排列，正是完美对应天体中紫微星座的一个排列。如果再对应天文学，以天际紫微星座为中心，再来对照源心村的村庄布局，可以看到，这里正是坐落在邓家、芝堰一川的中心地带，是与紫微星际的布列非常对应的。故此，这是一个天地人合一的名副其实的"源心"村。

下面我们不妨再来仔细分析一下整个村庄建筑的布局和走向。源心村坐落在竹坪山下，犹如一只宝瓶，南北长，东西宽，前溪是全村人生命的源泉。北从平水殿边大石砣底开始，直到村南石砣头这短短不到两公里的水溪，是一个大大的"S"形，犹如周文王演绎的后天八卦中的阴阳线，把村庄分隔成东北和西南两部分。而且，在这条分界线的两头还布了两只"眼"，就是上、下源心村中各自建造的水井（上源心的水井在靠近邓永红家屋的西面，下源心的水井建在邓永康家门口）。这两只水眼，就像是龙眼，从这个方面去延伸，我们可以看到古村落的整个建筑形式既对应紫微星系，又对应八卦排序，这是相当科学的建筑布局。

后天八卦图的方位与现代方位是相反的，请读者诸君不要误解，也请不要用迷信的眼光去看待，希望用科学的发展观来认识地理学中的事物。

后天八卦是周文王根据先天八卦的卦象研究演变出来的，又称"文王八卦图"。后天八卦图与先天八卦图不同，它是以震卦位列，以正东为起始点的，按顺时针方向依次为"震"卦居正东，"巽"卦居东南，"离"卦居正南，"坤"卦居西南，"兑"卦居正西，"乾"卦居西北，"坎"卦居正北，"艮"卦居东北。

可见，后天八卦不但能够对应天象方位，也能够对应时令季节。分别是"震"为春分，"巽"为立夏，"离"为夏至，"坤"为立秋，"兑"为秋分，"乾"为立冬，"坎"为冬至，"艮"为立春等。其对应关系如下：

现代方位与八卦方位对应关系

现代方位	八卦方位	八卦寓意	村庄位置	地势寓意
正北	正南（离）	代表火	平水殿边	正北势烈，离火旺盛，因金火刚性太烈之处，不宜建住宅
正南	正北（坎）	代表水	石砣头	水源直下，财源直落，系淫雨罡风掀起之处，不宜建住宅
西北	东南（巽）	代表风	上高坪	日光正燃，巽风护佑，系风生"福禧乾满"之地，宜兴建住宅
正西	正东（震）	代表雷	下源心	高阳正面，震雷旺火，系艳照"添福旺宅"之地，宜兴建住宅
西南	东北（艮）	代表山	下新屋	背山面水，艮山基旺，系阳照"吉禧寿满"之地，宜兴建住宅
东南	西北（乾）	代表天	龙雉尾	乾阳罡风，天雨浸垄，系飞龙在天罡煞之处，不宜建住宅
正东	正西（兑）	代表泽	金山麓	泽兑淫荫，长庚不汇，系淫雨阳火不旺之基，不宜建住宅
东北	西南（坤）	代表地	上源心	地坤气旺，午阳充足，系元阳"禄满坤势"之地，宜建住宅

以上所说之地理位置，对照现代方位和古八卦方位之因果关系，以及村庄方位地势，可参照下图：

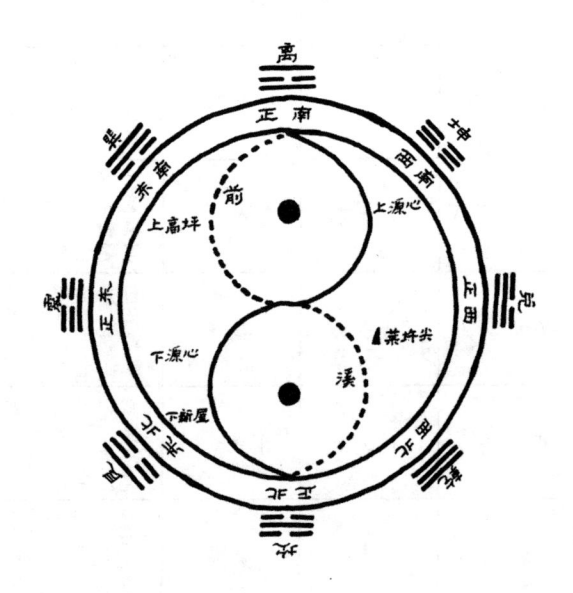

古源心村村庄地理分布图

从上图我们可以看出，源心村的整个建房布局设计确实是比较科学的，正是因为有上、下村的坤、震遥相对合，有下新屋和上高坪的艮、巽相呼应，才使得全村的布局十分完美，成为一个完整的八卦之地。也正因如此，全村处在旺福旺禄的环境中，方能经历六百余年风雨，而人丁兴旺，繁昌不衰。

八卦之说，属于地理学的科学范畴，不是胡扯，也不玄乎，从地理学和天文学的角度去解释，都有一定的依据。中国人，由于地形和历史的原因，建房时往往喜欢坐北朝南，这是有一定讲究的。选择房基，其一，不但要正面避开太阳光照，也要背面避开淫风恶水，地基不能太潮湿，建在水洼处对房子的基础和人的身体都不好，也不能光照太强，否则易让人受不了。其二，不能把房子建在大风口上，否则罡风一来，房子易被吹倒，不利安全。

历朝历代，源心村的民风都非常淳朴，六百余年来，崇德好学的传统始终没有被丢弃。

历史上，源心村还建立了两支龙灯队伍，一支是成人舞龙队伍，一支是儿童舞龙队伍，所舞的龙灯是布龙灯。龙灯在每年的元宵节开灯，舞龙队伍由儿童队伍在前，成人队伍在后，龙灯要从大公殿发灯，从邓家一路迎向源心村，以表歌舞升平、风调雨顺、不忘祖德。

源心村因历来都有崇尚学习的好风气，因此祖祖辈辈都十分重视孩子的教育问题，把孩子的学习当作头等大事来抓。因此，在历史上，村里受过不同层次教育的人很多。据谱记，自明清以来，书生辈出，不在少数。中华人民共和国成立以前，村里还一直办有私塾，不少人家都愿意让孩子进私塾随先生读书识字，教员有从外村请来的，也有本村的，学习风气浓厚。

仅抗日战争时期，村里便有十余人读完小学后进入初中段学习。后因战争爆发，只有半数人坚持读完初中。但可喜的是，抗日战争以后和中华人民共和国成立初期有邓永奎、邓有根等人在完成了初级师范和中专的学业后，走上了学校的讲台，成了光荣的人民教师，这是很了不起的。据统计，仅在中华人民共和国成立后到移民前的三十几年当中，便先后有三十多人（户）在外吃公家饭（指参加国家建设和工作，不在村里从事农业生产，领国家工资的工作人员），这些人中有参军出去的，也有读书出去的。

据统计，在1984年移民前，源心村在外发展的住户有邓永奎户、邓永良户、邓余福户、邓有根户、邓鸿群户、邓兆富户和邓培昌户等，还有从事教育工作、在家乡教师队伍中作贡献的邓木汝、王品良等户。这其中有博士后、博士、硕士和大学教师，还有留学国外的高级人才。他们中不少人都成了国家建设的生力军，有的还在国际舞台上发挥积极的作用。这些足以说明源心村是一个人才辈出的村庄。

历史上，源心人也崇尚精武精神，不少人参与练武。中华人民共和国成立以前，很多家庭都有人练习武术。至"文革"时期，还有不少人在村里练习。主要武术套路有南拳中的大红拳、小红拳、七星拳、天罡拳等，这些都是华夏武术精华中很具有代表性的南拳有名套路；主要练习兵器有长枪、棍棒、钢叉、砍刀、石锁等。

中华人民共和国成立前，源心村的邓如荣、邓如福等人，因为武艺高强，在寿昌、建德等县城有一定的知名度，被外聘为武师。20世纪80年代，源心人邓云初的外甥方会然、刘顺姬两人因为武术练得好，在建德新安江一带有比较高的知名度。

时过境迁，而今，祖地虽然不再有人住居，但祖辈历史岂可无端湮灭，堂堂源心千百年的文化历史，又岂可在吾辈手中沦落。因此，抢救源心历史，传扬故地文化，已成了我辈当务之急，凡我今源心之后人皆有义不容辞之责任。

书以至此，首先当感谢王氏赛君公，义薄云天，牵头组织，落实资金，招人执笔，为保存和挖掘源心历史文化遗产倾其心血，其功当表。王公之所行令吾辈等敬佩，其功绩应当令后辈讴之！同时，要感谢邓兆祥、邓木汝、邓文秀、邓彩祥、邓鸿群等诸位前辈的大力支持，为本书之历史提供真实资料并帮助记录!

今日之源心村居民早已在游埠、永昌等地分散居住,也有不少迁到城里去安了家,更还有若干户迁移到杭州建德等外地去发展和居住,还有的已经侨居在国外。随着三十多年光阴的飞逝,所有住户都有了新的生活、新的向往。可不少前辈对当初故居之地的生活还有无限的留恋及无限的记忆。而对于今天许多的年轻人来说,当年的许多往事已难以追忆,对再往后的一代代人来说,则更是过往烟云,有不少逸事已无法再知道,因此也不再去眷念。

当年亲身经历过移居的老人,因时代的变迁,如今差不多已有三分之一离开了人世。考虑到今后知道源心历史的人会越来越少,所以抢救源心历史已到了非常危急的关头。吾辈若不努力记录,历史将会不复存在。时至今日,我们只能从当年经历过移民的人中去寻找点滴踪影,再透过这些零散的证据去还原历史。

现根据当年移民分配和安置落实的情况,将统计在册的原住民109户(除1户知青下放户外,实际上原始居民为108户)重新整理出来,记录如下,以供后人查阅参考:

注:以下所记录的人口,以移民时统计为准,移民前已经出嫁的女性不计入其中。

一、邓姓住户

001. 邓彩祥户——移居何尖岗村,移居时全家5口人。邓彩祥;妻,董汝香;女,素珍、素仙、素萍。

002. 邓会平户——移居塘下岗村，移居时全家4口人。邓会平；妻，金国娥；子，景龙、小龙。

003. 邓会华户——移居前陆村，移居时全家6口人。邓会华；妻，王志娥；子，有龙、小冬、小军；女，小姑。

004. 邓鸿群户——移居永昌村，移居时全家6口人。邓鸿群；妻，周翠莲；子，亚平；女，资平、亚芬、小芬。

005. 邓秋康户——移居白山村，移居时全家4口人。邓秋康；妻，王春香；子，太君、太丰。

006. 邓秀康户——移居前陆村，移居时全家5口人。邓秀康；母，叶阿囡；妻，巫彩花；子，群君；女，顺仙。

007. 邓海康户——移居丁胜村，移居时全家1口人。

008. 邓兆祥户——移居畈口村，移居时全家7口人。邓兆祥；妻，方爱花；子，志平；女，秀妹、正妹、三妹、素梅。

009. 邓志钧户——移居社塘村，移居时全家4口人。邓志钧；妻，金景梅；子，晓荣；女，晓燕。

010. 邓兆熊户——移居红店头村，移居时全家7口人。邓兆熊；子，邓金土；儿媳，方彩娥；孙子，会松、会红；孙女，晓红、晓霞。

011. 邓木汉户——移居丁胜村，移居时全家9口人。邓木汉；妻，金秀兰；长子，太红；长媳，邓彩花；子，长红、有红；女，桂花、有花；长孙，立军。

012. 邓木清户——移居花皮塘村，移居时全家6口人。邓木清；母，陈爱竹；妻，秦菊香；子，太顺；儿媳，王锡云；孙女，燕。

013. 邓木汝户——移居新陈村，移居时全家5口人。邓木汝；妻，吴素凤；子，鑫；女，晓飞、建飞。

014. 邓先美户——移居石龙头村，移居时全家5口人。邓先美；妻，方美珠；子，海良；女，海军、海英。

015. 邓石根户——移居太平祝新宅村，移居时全家4口人。邓石根；妻，金卸囡；子，泰明；女，爱仙。

016. 邓有根户——移居建德市白沙镇，移居时全家6口人。邓有根；妻，方美金；长子，晓明；长媳，胡瑞仙；子，太良、晓天。

017. 邓太贞户——移居鸭塘村，移居时全家4口人。邓太贞；母，方品香；妹，素娇、月娇。

018. 邓太娇户——移居鸭塘村，移居时全家1口人。

019. 邓太潮户——移居鸭塘村，移居时全家1口人。

020. 邓发根户——移居三字桥村，移居时全家8口人。邓发根；母，罗菊花；妻，方桂娥；子，泰利、泰山、泰平；女，丽芬、丽珍。

021. 邓杜康户——移居检塘村，移居时全家6口人。邓杜康；妻，叶早梅；子，太彪；女，银仙、远仙、夏仙。

022. 邓发康户——移居永昌董塘村，移居时全家5口人。邓发康；妻，王月娥；子，银灿；女，徽灿、崔灿。

023. 邓彩康户——移居赤溪张家村，移居时全家4口人。邓彩康；妻，王云娣；子，太春；女，春仙。

024. 邓品康户——移居畈口村，移居时全家3口人。邓品康；妻，吴莲姣；子，太泉。

025. 邓正康户——移居胡麻车村，移居时全家5口人。邓正康；母，叶早香；妻，叶素娥；子，志龙；女，金仙。

026. 邓志康户——移居胜岗村，移居时全家6口人。邓志康；继父，孔唐；妻，方永娥；子，太松、跃松、太忠。

027. 邓永钟户——移居莲塘下村，移居时全家10口人。邓永钟；妻，唐素伢；子，月松；儿媳，汪桂贞；子，顺松；女，顺仙、立珍、维珍；孙子，红伟；孙女，红燕。

028. 邓兆荣户——移居梨塘下村，移居时全家2口人。邓兆荣；子，品良。

029. 邓志刚户——移居社峰村，移居时全家5口人。邓志刚；妻，陈友娥；子，海滨；女，赛仙、小仙。

030. 邓老大户——移居钱村梨家村，移居时全家3口人。邓老大；妻，方佩香；子，连标。

031. 邓连汝户——移居下汤村，移居时全家6口人。邓连汝；妻，郑卸花；子，会清、会林、会星；女，艳洁。

032. 邓连芳户——移居社峰村，移居时全家4口人。邓连芳；妻，金永花；子，会兵、小兵。

033. 邓余昆户——移居杨塘村，移居时全家4口人。邓余昆；妻，叶翠娥；子，会贞；女，素贞。

034. 邓文庆户——移居杨塘姓方村，移居时全家7口人。邓文庆；妻，方金兰；子，培松、培军；女，丽仙、伟仙、赛仙。

035. 邓文秀户——移居樟林桥头村，移居时全家5口人。邓文秀；妻，吴囡囡；子，培淦、培源；女，小仙。

036. 邓永勤户——移居杨塘余家村，移居时全家4口人。邓永勤；妻，冯素花；子，小军、立军。

037. 邓小潮户——移居杨塘犁头尖村，移居时全家3口人。邓小潮；妻，王蛟娣；子，邓银松。

038. 邓康年户——移居下姚村，移居时全家6口人。邓康年；妻，高翠兰；子，会华、会强、会恩、会庭。

039. 邓永标户——移居水楼村，移居时全家5口人。邓永标；妻，江云娣；子，会源、凯源；女，会仙。

040. 邓永华户——移居西祝村，移居时全家5口人。邓永华；妻，王桂花；子，小源；女，会珍、培珍。

041. 邓永发户——移居溪童村，移居时全家5口人。邓永发；母，方囡囡；妻，王土美；子，益平；女，丽芬、丽萍。

042. 邓永红户——移居上石桥村，移居时全家6口人。邓永红；母，包秀凤；妻，方阿囡；子，会汝、会源；女，晓春。

043. 邓永坤户——移居樟林一村，移居时全家6口人。邓永坤；妻，金永梅；子，会贤；女，赛月、赛莲、秀莲。

044. 邓友仁户——移居樟林三村，移居时全家4口人。邓友仁；妻，叶桂兰；子，太樟；女，赛凤。

045. 邓步云户——移居胡思村，移居时全家6口人。邓步云；妻，唐琴花；子，土源；女，维姣、银娇、伟娇。

046. 邓土金户——移居胡门里村，移居时全家3口人。邓土金；子，国强、顺森。

047. 邓兆泉户——移居东姚村，移居时全家7口人。邓兆泉；妻，邓桂娣；子，顺宗、顺生、顺忠、顺龙、顺洪。

048. 邓兆良户——移居樟林二村，移居时全家5口人。邓兆良；妻，徐卸姣；子，晓明；女，丽珍、丽娟。

049. 邓兆洪户——移居满塘岗村，移居时全家1口人。

050. 邓如庆户——移居下凌村，移居时全家7口人。邓如庆；妻，叶余花；子，肃康；儿媳，赵素兰；孙子，太刚；孙女，维仙、皓仙。

051. 邓永宽户——移居叶村村，移居时全家10口人。邓永宽；妻，叶爱仍；长子，正昌；长媳，王美云；孙子，宗献；孙女，梦娟；次子，立昌；女，淑仙、米仙、树仙。

052. 邓永清户——移居上凌村，移居时全家4口人。邓永清；妻，方爱珍；子，培昌、会昌。

053. 邓永良户——移居建德白沙镇，移居时全家5口人。邓永良；妻，方卸凤；子，立平、建平；女，晓芬。

054. 邓顺元户——移居常满塘村，移居时全家5口人。邓顺元；妻，叶赛琴；子，晓军、晓林；女，小燕。

055. 邓顺太户——移居柏黄村，移居时全家4口人。邓顺太；妻，方魏芬；子，凌云；女，小云。

056. 邓太元户——移居清风亭村，移居时全家1口人。

057. 邓步康户——移居清胜塘村，移居时全家3口人。邓步康；妻，方海香；子，宝元。

058. 邓呆仍户——移居后湖小西湖村，移居时全家5口人。邓呆仍；母，张卸囡；妻，陈连娣；子，小军；女，小仙。

059. 邓长良户——移居杨塘山背村，移居时全家7口人。邓长良；母，包美英；妻，童素贞；妹，爱珍、爱仙；子，建祥；女，巧玲。

060. 邓土银户——移居朱排村，移居时全家4口人。邓土银；母，余堂香；妻，方菊梅；子，树林。

061. 邓树华户——移居朱排村，移居时全家2口人。邓树华；妻，方宝云。

062. 邓余福户——移居建德更楼镇胡琴畈村，移居时全家5口人。邓余福；妻，何秀英；子，伟平、伟忠、伟云。

063. 邓余庆户——移居高端前溪头村，移居时全家5口人。邓余庆；妻，王策弟；子，会群、海群、小群。

064. 邓余喜户——移居高端前溪头村，移居时全家1口人。

065. 邓志标户——移居赤溪下洪溪，移居时全家1口人。

066. 邓志芳户——移居杨塘胡家，移居时全家6口人。邓志芳；妻，叶翠凤；子，培荣、浩梦；女，培仙、彩仙。

067. 邓志清户——移居西湖莲塘山村，移居时全家4口人。邓志清；妻，毕志花；子，会卿；女，黎卿。

068. 邓会明户——移居杨塘山背，移居时全家4口人。邓会明；妻，吴福珠；子，晓清；女，晓娟。

069. 邓卸美户——移居杨唐山背，移居时全家3口人。邓卸美；妻，王土娥；子，小源。

070. 邓金喜户——移居柳塘村，移居时全家6口人。邓金喜；女，翠莲；女婿，应汝明；外孙，应建忠；外孙女，应建娟、应建珍。

071. 邓金成户——移居建德更楼镇甘溪村，移居时全家6口人。邓金成；妻，方志花；子，杜华；女，爱华、爱云、秀云。

072. 邓永康户——移居井头童村，移居时全家7口人。邓永康；妻，章娥仍；女，丽仙、笑仙、丽君；子，利群、利鸿。

073. 邓金木户——移居竹林村，移居时全家10口人。邓金木；妻，戴姣英；子，志堂、志良、岳亮、会寅、会仁、会喜、会饶、会冬。

074. 邓金土户——移居赤溪徐家，移居时全家4口人。邓金土；子，连发、连高；女，永凤。

075. 邓永祥户——移居孟湖西拜塘村，移居时全家1口人。

076. 邓会良户——移居孟湖西拜塘村，移居时全家4口人。邓会良；母，陈花囡；弟，会泉、会成。

二、王姓住户

077. 王锡勤户——移居古楼下村，移居时全家6口人。王锡勤；妻，金秀娇；子，宝金；儿媳，邓澍萍；孙，惠阳、惠静。

078. 王锡松户——移居桥下和村，移居时全家5口人。王锡松；妻，唐志香；子，太长、赛君；女，赛明。

079. 王锡余户——移居潭塘坞村，移居时全家6口人。王锡余；妻，吴姣英；子，土芳、土生、土泉；女，娥仂。

080. 王锡华户——移居上汤村，移居时全家8口人。王锡华，妻，方卸香；长子，土深；长媳，邓素云；子，土忠；女，阿花；孙子，建明、建峰。

081. 王德明户——移居汪高村，移居时全家3口人。王德明；妻，赵美兰；子，利阳。

082. 王德富户——移居倪家墙头村，移居时全家1口人。

083. 王德芳户——移居汪高村，移居时全家4口人。王德芳；妻，邓爱莲；子，利祥、利徽。

084. 王庆芳户——移居邱村村，移居时全家2口人。王庆芳；母，唐娇仍。

085. 王友芳户——移居朱村村，移居时全家1口人。

086. 王锡照户——移居检塘村，移居时全家3口人。王锡照；妻，方田花；子，土良。

087. 王冬良户——移居后湖村，移居时全家7口人。王冬良；妻，邓秋香；长子，熙元；长媳，邓素仙；子，祥元、建元、凡元。

088. 王景良户——移居鸭塘村，移居时全家1口人。

089. 王品良户——移居清水塘，移居时全家5口人。王品良；妻，刘金妹；子，利明；女，巧云、丽芸。

090. 王有良户——移居新陈村，移居时全家4口人。王有良；妻，邓元娇；子，建洪；女，小洪。

091. 王庆良户——移居南塘张村，移居时全家4口人。王庆良；妻，方秋云；子，建华、建飞。

092. 王友明户——移居钱村张村，移居时全家4口人。王友明；妻，邓永娥；子，健阳；女，健仙。

093. 王志明户——移居洪大塘村，移居时全家6口人。王志明；母，陈桂凤；妻，陈爱娥；子，利忠、利红、利生。

094. 王发良户——移居白山村，移居时全家4口人。王发良；妻，潘彩娟；子，丽平；女，丽芬。

095. 王肃标户——移居高端村，移居时全家5口人。王肃标；妻，方正云；子，瑞胜、利胜；女，利琳。

096. 王良仁户——移居好孝村，移居时全家8口人。王良仁；妻，方银香；长子，瑞泉；长媳，邓阿丽；子，瑞明、瑞忠、瑞红；孙女，燕。

097.王庆标户——移居大埠张村，移居时全家6口人。王庆标；妻，邓爱娇；子，瑞峰；女，赛玲、赛珍、小珍。

098.王庆荣户——移居朱家村，移居时全家7口人。王庆荣；妻，叶翠娇；子，建清、利青；女，建仙、林仙、梅仙。

三、方姓住户

099.方金贵户——移居钱村村，移居时全家5口人。方金贵；妻，方桂香；子，维松、维贤、维宾。

100.方维鳌户——移居钱村村，移居时全家2口人。方维鳌；妻，邓云娥。

101.方志清户——移居大埠张村，移居时全家5口人。方志清；妻，方品香；子，维兴、维军；女，维银。

102.方汝源户——移居包村村，移居时全家4口人。方汝源；妻，王木囡；子，胜华、胜红。

103.方土源户——移居胡思村，移居时全家4口人。方土源；母，董连香；弟，土忠、土泉。

四、叶姓住户

104.叶田松户——移居洪大塘村，移居时全家3口人。叶田松；妻，邓秀娣；子，发明。

105. 叶庭光户——移居下沈叶村，移居时全家4口人。叶庭光；妻，陈美琴；子，利华、利红。

五、项姓住户

106. 项庭山户——移居杨塘山背村，移居时全家6口人。项庭山；妻，童姣宝；子，爱松、连松、庆松、寿松。

107. 项庭祥户——移居杨塘山背村，移居时全家1口人。

六、唐姓住户

108. 唐友昌户——移居沈家胡门内，移居时全家2口人。唐友昌；母，方双娣。

七、曹姓住户

109. 曹勇户——上海知青暂住户。

由于源心村移民已有三十多年，人员迁徙变化十分复杂，许多家庭变数很大。更何况其中已有不少前辈离开了人世，致使具体人数难以统计完整。还有因少数家庭难以联系等原因，增加了人数统计的难度。

根据以上统计数据，统计的结果为，邓姓共76户，计363口人；王姓共22户，计100口人；方姓共5户，计20口人；其余5户，计

16口人。因此，共有108户，计499口人。

但是，此数据不包括提前迁居出去的人，以上统计如有出入漏计，还望村中族人提出补充。

以上所统计的数据，若其中人名、家庭、住址有误或有遗漏的，还望村中父老长辈兄弟同仁谅之。如真有遗漏或错误之处，原非我辈故意为之，诚心恳请父老乡亲帮助补正。

第九章　风土人情状况

源心紧靠建德邓家，原为邓家村分衍而来，与邓家村有着千丝万缕的联系，许多风俗习惯与毗邻的建德是比较相似的。因此，村民炒菜时喜欢放辣，喝酒时酷爱烈性酒，性情直爽，十分好客，待人热情、真诚。于是，无论是节日喜庆，还是迎娶嫁女，都形成了一套独特的风俗和规矩……

源心村山地多，土地广阔，土特产资源十分丰富，且大部分家庭都有山林财产，许多家庭还有大片竹山。因而，村里的毛竹资源相当丰富，很多家用的器具都用竹子制造。竹笋是天然的菜肴，不但成了村民桌子上的佳肴，而且成了馈赠亲朋好友的珍贵礼品。

因木材资源丰富，便于建房和制作家具，所以，历史上源心村所建的房屋都比较高大，半数家庭还建了徽派和婺派风格的青砖楼房，家具的款式也非常古典、大气、美观、考究。

山上有许多特产，山菇、山菌、野菜、茶叶、野果、山楂、杜鹃花、枸杞子、栀子花、野木耳、山菊花等应有尽有……

山上的药材资源也比较丰富，一枝黄花、七叶一枝花、野三七、牛膝草、山红花、野菊花、钩藤、铁皮枫斗、紫苏、青木香、苦荞麦、苦丁茶、藓苔、草茎等应有尽有，野生的铁皮枫斗是非常名贵的药材。

竹笋的品类繁多，有青竹笋、红壳笋、鸡窝笋、花壳笋、金竹笋、观音竹笋、雷竹笋、实心笋等，品种有几十种之多……

走兽也有不少，如穿山甲、山牛、山兔子、黄鼠狼、黄麂、山羊、野猪、野猫等。

飞禽有上百种，麻雀、黄鹂、黄莺、画眉、百灵、山雀、啄木鸟、乌鸦、八哥、鹩鹆等。

蛇类品种也不少，眼镜蛇、菜花蛇、乌梢蛇、银环蛇、青竹蛇、蕲蛇、蝮蛇、水蛇等共几十种之多。

一、民间风味

春节时候，源心村有"家家做豆腐，户户杀年猪"的风俗习惯。每年一到年底，许多家庭都要宰杀一头自家饲养的大毛猪，用来腌制腊肉和香肠、火腿等。条件好一点的家庭，还会杀只自家养的山羊，或者买点鱼类回来。家家户户还杀鸡宰鹅，做很多豆腐，还要酿足老酒，备好糕点，为新年的到来做好充足的准备，给新年上门来拜年的客人送上一份浓浓的情意。有的家庭还会准备一些野味、瓜果零食，以款待新春到来的客人。

源心人在节日中预备的食品种类繁多，普遍的有以下几种：

酿酒类——一般有三种，一种为糯米酿的"缸面红"，系黄酒类。一种为粮食发酵的白酒。还有一种叫甜酒酿的，不属酒品之列，是一种饮料，一般在夏天做，但也有低浓度的酒精。

节日食品——蒸煮水米糕、春年糕、裹粽子，有时还有少量的麻糍。

干果类——干炒番薯片、油炸番薯片、番薯条等。

豆制品类——蒸煮豆腐干、油炸豆腐、千张、豆腐皮等。

甜品类——冻米糖、芝麻糖、花生糖、大豆糖、番薯丝糖等。

炒品类——瓜子、花生、核桃等。

糕点类——鸡蛋糕、芙蓉糕、桃酥、糖枣、回回糕等。

点心类——肉圆、粉丝、土制面条（土索面）、麻球等。

肉类——腌肉、腊肉、熏肉、酱肉、风干肉、风干肉皮等。

元宵时节还有吃汤圆（又称元宵）的风俗习惯。

清明时节要做清明粿吃。

端午扎粽子，中秋吃月饼。但对过去的一般家庭来说，这些算得上比较奢侈的食物。

有的节日，还有人家有吃肉圆、吃土制面条等习惯，表示团团圆圆和长福长寿之意。

端午节时，有吃鸡蛋、喝雄黄酒的习俗，也有用少量黄蜡给孩子们炒饭吃的。有的在这一天要用五种带"黄"字的物品过节（即黄酒、黄瓜、黄鱼、雄黄、黄蜡）。小孩子还要在端午之时过过秤，看看一年来到底长大了多少。

二、民间小调

《闹新房》：有《十房媳妇》等曲，有的自唱自弹，犹如评弹。

《闹莲花》：有顺唱十字、倒唱十字等曲，可自唱自演，表演形式多样。

《五更歌》：歌唱洞房花烛一夜春等，大多以祝贺新人为主。

《采茶歌》：采自《江南春》等江浙民谣。

三、源心特产

糯米酒——糯米经发酵，配上红曲，精加工酿造而成的红酒，属黄酒类。也有少数配白曲的。一般为低浓度酒，醇香可口。

白酒——用番薯、荞麦、玉米、高粱、大麦等多种杂粮酿造的烈酒，系烧酒类，一般为高浓度酒。

甜酒酿——用糯米拌酒药发酵成低浓度的酒和米渣混在一起的食品。

元宵汤团——用糯米粉作面料，核内配以各种菜料做成馅，也可不用菜馅，用红糖、白糖等做馅，因此既有咸的，也有甜的。

清明粿——以粳稻米粉为主要面料，内中配以各种馅料，有甜有咸。也有用清明蓬花艾叶碾成粉做面料的。做粿的人一般会在面料上加上各种图案，供人们区分不同的味道，任意挑选。

中秋粽子——用糯米作主料，内中夹有瘦肉或肉骨等馅，再用天然的箬竹叶子包裹而成，内里的馅也有用糖和不同原料做成的，因此既有甜的，也有咸的。粽子的品种颇多，可供不同喜好的人任意挑选，一般有板栗、豌豆等配在糯米间。

冻米糖——用糯米、粳米等佐料合成，加上一定比例的饴糖加工而成。一般都是甜的，因为其主要原料是饴糖，所以叫"冻米糖"。

水米糕——用早米粉等合成，经发酵蒸煮而成，一般也是甜的。里面可加红枣、葡萄等佐料。

水晶糕——用淀粉合成，透明而晶莹，属清凉型食品，是夏天冷饮食品的一种。

自制馒头、包子——用面粉发酵而成，馒头一般内里不加配料。包子里大多配以各种肉馅、菜馅等，也可制作成甜的或咸的。

番薯淀粉类粉丝——用番薯淀粉等做成。

水索粉——用早米粉、粳稻米粉、淀粉等做成。

肉圆——用淀粉拌瘦肉馅等做成，可以配上一定的佐料。

烧焙——当地方言称呼，用豆腐皮包上各种馅，作菜肴食用。

茶叶蛋——用茶叶混酒和酱油等，经温火长时间煮熟的鸡蛋和鹅蛋等。

茶叶——采自高山上或茶园中，一般以高山云雾和毛峰为主，大多为绿茶。

腌菜——用农家自己种植的白菜、萝卜菜、落汤青、三月青等腌制而成。

腌制水萝卜——主要以白萝卜为主，用红萝卜等腌制的比较少。

梅干菜——用青菜等晒干后制成，是制作酥饼等的上佳原料。

笋干、竹笋——采自竹园，大都为野生的，也有人工种植的。竹笋的品种繁多，有红壳的、绿壳的，也有棕红的、花壳的，有叫雷笋的，也有叫金笋的，品种繁多。在源心的山上有三十多个品种的竹笋，产量比较多的是布袋坞的姜山笋，这种笋的笋尖开杈，笋肉非常柔嫩，漫山遍野都是。

山上药材——有野三七、野铁皮枫斗、一枝黄花、牛膝草、野红花、野菊花、苦荞麦、苦丁茶、金银花等，这些药材也可以用来制成药酒。

四、民间风俗

源心村，因位于建德与兰溪的交界之处，受两地风俗的影响，许多人家既会做寿昌一带风味的美食，又会做兰溪地区的美食，因此，具有拥有两地特色的风俗和习惯。

春节时，家家门上要贴上大红门联，小门或偏门则贴上小斗方的门芯。无论是大门还是小门，大多用祝福、吉祥的话语组成对联，表示对新年的祝福和对来年吉祥的祈盼。也有祝愿来年风调雨顺、大吉大利的，目的是增加过年的吉庆气氛。也有门上贴祥符的，意愿基本一样。除夕夜长辈们还要给晚辈包压岁红包以示对添岁添寿的祝福。正月初，长辈们也要给前来向他们拜年的晚辈亲戚包红包，但红包不论大小，只为图个吉庆，俗称"压岁钱"和"恭候新禧"。

村民平时在建新房或者迎娶新娘和嫁女儿等喜事时，也会贴上大红门联，而这时上面的字就得根据实际情况来写了，一般都是讨个好彩头的对联和大红的"喜"字，只是吉利的话语不同罢了，寓意都一样，都是为了祝福，增加喜庆的气氛。

元宵时节闹花灯，演社戏，都是江南的普遍风俗，各地的节目都差不多。新年后至元宵盛会时节，大多数村民会上街闹起龙灯。村里的龙灯队创立于明清时期，所使用的是布龙灯，是中国悠久历史文化的一个缩影。尤为值得一提的是，源心的龙灯不但有大人迎的，而且有小孩迎的。小孩一般为十一二三岁，非常有特色。

清明时节，家家户户都要做几笼米粉粿，也有用青艾草做的。节日期间，人们还要去坟上祭奠先人。有些有钱的人家还会带着家人去村外踏青。

端午时节，小孩子要量身高和称体重，看看一年来到底长高长大了多少。有的人家要包粽子吃，粽子不但是一种节日的美食，同时还有特殊的寓意，是对屈原的纪念。当然，端午节的意义并不仅仅如此，它与春节、清明节、中秋节并称为中华民族的四大节日，是我国文化传承的一个特殊纪念日。节日期间，有的人家还在大门上插上艾草等，表示吉利。

男女结婚要挑选吉利的日子，不少人家还喜欢用传统的方式举行仪式。仪式大多由家中的长辈主持，新人们在众人的祝福下进行相应的仪式，以达到婚礼的隆重、喜庆之效果。传统的男女结婚，一般要请长辈或媒人出面说合，选个好日子，再举行仪式。举行仪式时，要请说媒的人，仪式很隆重，还要邀请男女双方的亲朋好友前来吃宴席。古时候，经济并非十分宽裕的人家，一般在家中或村中置办酒席。有条件的家庭还会大红灯笼高挂，堂前红烛高照。

女儿出嫁后，要于农历逢双之日携新女婿回娘家回礼致谢，称之"回门"。接待的一方会以贵客进门的诚意款待，并让长辈或较有身份的人来陪客。

源心村在移民前，村民的婚礼仪式大多遵循传统的做法，新人要穿戴大红衣服，佩戴吉庆的大红花，有媒人，有压轿人，有利市人，还有伴郎伴娘等人相伴。有条件的人家迎娶新娘或嫁女儿，会用轿子抬着进门或出门，贫穷人家，则只能靠步行了。娶新娘的人家，晚上还有闹洞房的习俗。

每年年底腊月廿五要过小年，预意辞旧迎新，这时候凡在外工作的人都会尽量赶回来与家人团聚，一同过小年。若有在村里帮忙或做工的下人，此时东家会一律给他们放年假，让其拿上红利回家与亲人们团圆过年。

每年正月初一、清明、七月十五和冬至，家家都要到祖坟去祭奠先人，以示对祖宗的敬拜（特定信仰的家庭除外）。正月初，各个族房管理香火房的人，要把族中珍藏的祖宗画像拿出来挂上，供族人们在新年的开初祭拜。

祠堂或大厅修缮完毕后，要连续三年邀请剧团前来村里演戏，并请五亲六眷来家里喝酒助兴，以示平安、吉庆、安详和喜乐，也寓意一派歌舞升平之象。

建造新房时要举行上梁仪式或庆祝大厦落成志庆。乔迁新居也要举行仪式，以示吉庆。建房上大梁时，要挑选黄道吉日，以示平安喜庆。

每年秋收双抢结束后，全村或全小队要吃一顿大餐，让所有参与劳动的成员前来聚餐，俗称"洗秧钵"，以示丰收的吉庆和农作的大功告成。这个费用一般都是集体出资，是集体对劳动者的慰劳。

每年春节的第一天，即农历正月初一，有先人画像的人家，要把它们挂在香火房里，供同一族香堂房的子孙们拜谒。有的要把先人画像挂到元宵日才收存起来，也有的挂到年初四。有的族房画像由各家轮流存放，也有的专门指定人管理，没有统一的规定。

五、语言习惯

源心村的居民最早以邓姓为主，邓姓是建德邓家的分衍。因此，其语言最初以邓家的方言为主。而邓家的方言，带有明显的徽腔，也有浓重的吴语色彩。徽腔和吴语都是中国南方的基本语系，这一语系在建德寿昌的方言中显得比较有特色。

先前，源心的方言与寿昌的方言在语系当中，许多地方都有相似之处。但是，随着时代的发展，后来的源心人因有王姓和方姓等户的加入，与他们有了长期的共同生活经历，因此，语言逐渐有了改变。最后，在不断发展中，逐渐形成了有自己村庄特色的语言。这种语言的语气浑圆柔软，字正腔圆，说话简洁，不拖泥带水。既不失吴侬软语的温柔本色，又不失华夏汉语的阳刚之气，所以久而久之便与邓家的方言有了不少区别。源心语言的形成，不但说明源心生活圈子的稳固，也说明当年源心村在四邻村庄中的影响力，同时说明源心祖宗具有非凡的智慧和聪明才智。

由于王姓、方姓以及几个外姓住户的加入，源心村的人口发展很快。本土的源心话多多少少受到了一定的冲击和影响，所以逐渐与邓家话的区别越来越大，最后竟形成了自己村里独有的语言风格。遗憾的是，因为芝堰水库的建设，全村向外迁移，不少源心人融入不同的村庄去生活，语言便逐渐被各村同化了。所以，三十多年后的今天，当源心后人相互见面时，基本上不会讲源心话了。更不幸的是，眼看老一辈的源心人在不断离去，这种语言也即将被历史湮灭，这也成了今日源心人的心头之痛。

六、飞禽走兽

源心村的村庄周围有许多飞禽走兽出没，达上百种之多。因过去森林茂密，常有走兽在村中游走。一年四季到处莺歌燕舞，更有鸟语花香。许多动物能与人和睦相处，互不伤害。经粗略统计，主要有如下一些动物：

走兽类动物：野豹、野猪、花猫、狸猫、山麂、毛冠鹿、山鹿、野山牛、野山羊、野狗、刺猬、黄鼠狼、山兔、野狐狸、松鼠等上百种。

爬行动物：穿山甲、五步蛇、菜花蛇、竹叶青蛇、乌梢蛇、烙铁头、眼镜蛇、金环蛇、银环蛇等几十种。

飞禽类：老鹰、秃鹰、猫头鹰、山鸡、鸽子、青柴鸟、杜鹃鸟、布谷鸟、啄木鸟、花斑鸟、黄莺、百灵、画眉、八哥、喜鹊、锦鸡、斑鸠、野鸭子等上百种。

七、人物逸事

（1）资深村干部

中华人民共和国成立以后，在源心村能够配得上"资深村干部"这一雅号的，莫过于老支书王锡松了，说他是资深村干部一点也不为过。自20世纪50年代初村里成立农会时（1949—1953年间），王锡松就开始担任民兵队长，到1984年村庄移民为止，他先后在村支书和村主任的岗位上，任劳任怨了几十年。

1954年，源心村成立了互助组，王锡松开始担任组长，1958年"大跃进"时，又担任村首任大队长，1959年，村里响应国家号召办全民食堂时，他也担任大队长。1977年，里王村移民迁到殿后村，源心村与里王村分开成立独立大队，王锡松又继续担任村支部书记，一直到1984年移民为止。

王锡松担任村干部时间长，资历老，在岗位上勤勤恳恳，踏踏实实，是一位久经沙场的老兵。1949年底，作为村民兵队长的王锡松尽心尽责地协助村里做好土改工作和村安保工作。当时，由于匪患猖獗，危害乡里，王锡松为了保护村里的安全，呕心沥血，毫不松懈。

王锡松睦爱友邻，在村干部的岗位上，处处照顾村民。在特殊年代里，对许多"成分不好"要挨批斗的人往往提前通气，以便村民能避其危难少吃苦头。在村集体经济发展中，他时刻起带头作用，开山垦荒种植杂粮是一把好手。尤其在国家三年困难时期，能吃苦在先，带领大家搞好生产，使村里没有一户人家饿肚子。因此，他作为基层的优秀代表，曾去省里作先进发言，受到了省长的接见，享受和县委书记并坐参加省里先进会议的待遇。

为了村里的集体事业，王锡松有担当，敢作为，经他的不懈努力，村里在建德供电部门的支持下，早早地通了电。从1949年到1984年的三十余年中，哪怕是遭到不平等的批斗，他也不失其志。作为一名基层村干部，他以身作则，对子女的要求也非常严厉，绝不允许家里人搞特殊化。而他自己在建设集体的事业中，却奋勇当先，"干"字在前，在村里建仓库的时候，竟整天吃住在工场，视集体利益高于一切。

在芝堰水库移民时，王锡松是第一个响应号召的人，体现了一位模范共产党员的先进性。王锡松作为一位平凡的基层村干部，长期以来，一直为村里的各项事业呕心沥血、任劳任怨，在村民眼中，他是一名名副其实的"资深村干部"。

（2）呆货阿妈

"呆货阿妈"（指奶奶）是我们全村孩子对这位老奶奶的共同尊称。历史上，源心人用方言叫奶奶，大都习惯叫阿妈。但是，"呆货阿妈"的真名叫唐囡囡，我们却很少有人知道。因为在我们就读小学的那个年代，她就已经是六七十岁的老人了。

所谓"呆货"之名，实际上是我们对一位老大哥的戏称，他的本名叫月松，姓邓，绰号"呆货"是村里人给他取的。因大人们都习惯这样称呼他，我们便也照葫芦画瓢了，于是，他的奶奶，我们自然就称作"呆货阿妈"了。

"呆货阿妈"是村里的一位长辈，是上源心田里大房中一位普普通通的慈善老人。"文化大革命"后期，村里学校因没来得及建房，只得暂时在上源心大房里的"益善堂"中开课。"益善堂"在"呆货阿妈"家隔壁，同学们除了上课外，都喜欢围坐在"呆货阿妈"的身边玩，因为"呆货阿妈"为人很善良，对孩子们特别关爱，她每天都无偿为全校师生准备许多茶水，尤其是夏天，她烧的凉茶都用小水缸盛。烧这么多的茶水，要花上她许多的精力，因为她要到离家上百米远的溪中去挑水，还要上山去打柴，实属不易。所以"呆货阿妈"很值得大家尊敬。我们这些孩子们无论谁身体不适，她都会尽心关照，如同自己的孩子一样无微不至地呵护着，她的爱心深深地感染着我们那一代人。

值得一书的是，就是这样一位普通的传统妇女，因家庭出身成分不好，被划为地富反五类分子，然而在那个特定的年代里还能受到人们的敬重，可见她是一位具有懿德风范的了不起的人物。村里凡20世纪50年代末和60年代出生的人，只要是上过学的，应该都喝过她老人家提供的茶水。

我就是喝着"呆货阿妈"的茶水长大的，但离开小学后便外出上中学去了。此后很少回家，渐渐地便与老人家有些生分，也很少再看到她老人家了，更不知她何时善终。只记得五十年前，她已经是六七十岁的老人了，如今算来，早已是百岁开外。

据她的家人说，老人家寿终时大约七十八岁高龄，时间大概在源心村向库外迁移的前一两年，即1982—1983年间。

（3）才子阿爷

"才子阿爷"（即爷爷的尊称）是我的堂房小爷爷，也是我一生中最尊敬的人之一。"才子阿爷"名叫邓友根，学名邓永和，笔名"运河"。在我童年的记忆中，爷爷是村里最了不起的人物，他在中华人民共和国成立前夕毕业于建德简易师范学校，担任过中小学老师，担任过县文化馆的文化干事，也担任过县级企业的机关领导。他多才多艺，博古通今，文学、历史知识相当丰富，写字、画画样样精通。

"文化大革命"时期，社会上热衷于在墙上画伟人的宣传画。"才子阿爷"经常拿着画笔,穿梭在城乡的大街小巷中画画。他画的毛主席画像,寥寥几笔就活灵活现,栩栩如生,让人称赞不已。还有他画的雷锋画像和样板戏宣传画,人物的神情生动逼真,活灵活现地展现在人们面前。他写在墙上的大幅标语,字体很多,非常漂亮,不亚于现代的电子打印广告。

"才子阿爷"为人很柔和谦卑,他知识渊博,待人和蔼,是位学富五车的才子,是我一生中最敬佩的人之一。当年我在幼小的心灵里许下了一个心愿,长大了一定要像"才子阿爷"那样,画出好多好多的美丽图画,来为人民服务。那个时候,我以为画几幅画就是为人民服务,现在想来不禁觉得儿时的自己也有几分幼稚。

"才子阿爷",年龄大概只比我的父亲长一岁,出生时间应该是抗战前期的1931年,是中华民族饱受抗日战争和解放战争苦难的见证人。

(4)永茂老师

在我小学的启蒙时代,永茂老师是我特别尊敬的老师之一。永茂老师,"文革"后期毕业于严州中学,是当时村里的高才生。虽然我与他是师生关系,年龄的差距有十几岁,但与他却有着兄弟般的情谊。

永茂老师,出身成分不好,家庭出身属五类,被当时某些当权者定性为叛逆人物。但在村民眼中,永茂老师的为人并不坏。他为人很正派,从来没有反对过国家、政府,也没有对社会表示过不满。他为人也很豁达,很乐意帮助人,在周围村民之中有非常好的口碑。

20世纪70年代初期,永茂老师因为人诚实,热心公益事业,对人友善,被村里特聘为村小的老师,他任教时间不长,大概只有一年多一点,时间在1970—1971年之间。但是,后来由于受"文革"的影响,永茂老师遭到了当时公社和大队个别领导的打压,受到了不公正的压迫,吃了不少苦。

再加上后来在情感上受到挫折，永茂老师不幸于1971年10月客死在梅江（建德梅城）。逝世时年仅26岁。

　　永茂老师的逝世，是村教育事业的一大损失，许多人为他痛心。我是村里见到他最后一面的两人之一。1971年10月1日（农历八月十三日），那天是礼拜五，我与邓木汝老师去新安江，与永茂老师结伴而行，后来我们两人在离村约两公里的新岭坑口与永茂老师分别。谁知，这一别竟成了阴阳之隔，真是人生无常，痛哉！

　　永茂老师的逝世，是我一生中最痛心的事之一。后来，他的灵柩运回来时，全村好几百村民为他送葬，真是全村呜咽，路人皆悲。

后　记

　　随着社会的发展，新一代的源心人已逐渐适应了新的环境，生活习惯也早已改变，如今已经完全地融入了各个所迁移村庄的环境。原来祖宗留传下来的风俗文化正在慢慢地被他们遗忘，许多年轻人已经不知道祖先原来的文化和历史，也不知道自己的根源在哪里，甚至连祖先创造的母语都忘得一干二净了。但是，这也不能抹去祖宗先前所创立的基业。

　　今天，社会在飞速地发展，人类在不断地进步，虽然原来祖宗的功绩已经慢慢地被淡忘了，加上芝堰水库蓄水，许多文化遗产也被水库淹没，村庄中许多东西被湮灭，即使如此，也抹杀不了它当年的辉煌。现在我们编写这部小手册，旨在起一个抛砖引玉的作用，把源心六百年来的发展历史作一个回顾，以便让今后年轻的一代代能够永远记住这段历史，当作对祖先的最好怀念！

　　由于在编写这本手册时，资料短缺，时间仓促，许多史料已经无法复原，因此可能会遗珠不少。加上我等水平有限，许多地方会有纰漏，希望各村中长辈族人给以谅解，不敬之处，在此一一谢过！恳望诸位能体谅我辈为家乡记录史实的苦心，不至于忘记历史而对祖先悖逆。

有人说，忘掉历史，意味着背叛。
我们不能忘记，也真的不敢忘记，
如若忘记，难道不是真正的背叛！

有道是：
六百年的岁月！
六百年的沧桑！
六百年血与肉的记忆，
方显得祖先当年的辉煌。

因为，
这里有：
吾离的血衍，
高密侯的子孙，
伯元的后裔，
十祖迈公的风光。

这里还有：
太原王氏，
惜公后代，
恢宏华夏，
振兴神州的遐想。

更有方雷氏,
开心祖辈,
拓展新宇,
所规划的一代代梦想。
……

怎能忘记,
六百年,
那七千多个月份,
二十二万个日日夜夜的,
清辉月光。
更不能抹去,
源心千古,
世纪的辉煌!

虽然房舍已倒,
虽然屋脊扒光,
但留存的是,
在这里所有居住过的,
每一位子孙,
每一个后裔,
对先祖勋业的,
永远记忆,

和对未来,
宏业重振的——
永远盼望!

附 录

执笔：邓亚平 （图／文）

第一稿，始创于 2016 年 05 月，完成于 2016 年 08 月

第二稿，修改于 2016 年 08 月，完成于 2016 年 10 月

第三稿，定稿于 2017 年 01 月

本书主要供稿人员：邓木汝　邓文秀　邓兆祥
　　　　　　　　　邓彩祥　邓鸿群　王赛君

友情特别赞助人员：王赛君

文版制作编辑指导：刘　鑫